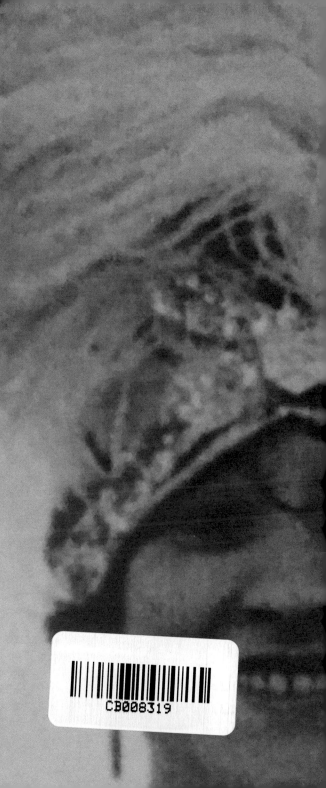

Este texto tomou como base a pesquisa efetuada por José Inácio de Melo Souza no Arquivo Nacional para a Filmografia Brasileira, projeto contínuo da Cinemateca Brasileira. Algumas ideias preliminares são fruto de discussões entre o autor e o referido pesquisador. Tanto o primeiro texto quanto a descrição do filme datam de setembro a novembro de 1988. A versão que se apresenta – com a paciente leitura de José Francisco de Oliveira Mattos e o incentivo constante de Djair Rodrigues de Souza – foi finalizada em Vitória, Espírito Santo, em abril de 2018. Esta edição foi produzida pela Cinemateca Brasileira e Sociedade Amigos da Cinemateca, e contou com o apoio da Secretaria Municipal de Cultura de São Paulo e da Fundação Editora da Unesp.

ALFREDO DOS ANJOS
VIAJANTE E CINEASTA LUSO-BRASILEIRO

CINEMATECA BRASILEIRA
SOCIEDADE AMIGOS DA CINEMATECA

DIRETORA-GERAL
Maria Dora G. Mourão

DIRETORA-TÉCNICA
Gabriela Sousa de Queiroz

DIRETOR-ADMINISTRATIVO E FINANCEIRO
Marco Antonio Leonardo Alves

CONSELHO DE ADMINISTRAÇÃO
Antonio Roque Pedreira Jr
Carlos Augusto Calil
Eduardo Saron
Hélio Ferraz de Oliveira
Jéssyca Paulino
Lauro Escorel
Nelson Simões
Patrícia Machado
Renata de Almeida
Roberto Gervitz
Rodrigo Archangelo

CONSELHO FISCAL
Miguel Martin Gutierrez Filho
Roberta de Oliveira e Corvo

JAIR LEAL PIANTINO

ALFREDO DOS ANJOS
VIAJANTE E CINEASTA LUSO-BRASILEIRO

© 2022
Todos os direitos desta edição reservados a Jair Leal Piantino

Direitos de publicação reservados à:
Cultura Acadêmica Editora
Praça da Sé, 108
01001-900 – São Paulo – SP
Tel.: (0xx11) 3242-7171
Fax: (0xx11) 3242-7172
www.culturaacademica.com.br

Dados Internacionais de Catalogação na Publicação (CIP) de acordo com ISBD
Elaborado por Vagner Rodolfo da Silva – CRB-8/9410

P581a

Piantino, Jair Leal
    Alfredo dos Anjos: viajante e cineasta luso-brasileiro / Jair Leal Piantino. – São Paulo: Cultura Acadêmica Editora; Sociedade Amigos da Cinemateca, 2022.

    Inclui bibliografia.
    ISBN Cultura Acadêmica: 978-65-5954-228-4
    ISBN Sociedade Amigos da Cinemateca: 978-65-81705-01-5

    1. Biografia. 2. Alfredo dos Anjos. I. Título.

2022-872

CDD 920
CDU 929

Editora afiliada:

SUMÁRIO

PREFÁCIO
POR JOSÉ INÁCIO DE MELO SOUZA   11

INTRODUÇÃO   17

1.
REPRESENTANTE COMERCIAL E VIAJANTE   23

2.
VIAJANTE E PRODUTOR CINEMATOGRÁFICO   39

3.
RECONSTITUIÇÃO DE *O BRASIL MARAVILHOSO* (ESBOÇO)   53

4.
O BRASIL PARA OS BRASILEIROS   257

5.
O BRASIL PARA OS PORTUGUESES   265

6.
DE VOLTA AO BRASIL E A CARTA AO PRESIDENTE   273

7.
DE PRODUTOR CINEMATOGRÁFICO A GUIA DE EXCURSÃO   285

8.
PALAVRAS FINAIS   297

ANEXO I. A CAVAÇÃO COMO MÉTODO   305

ANEXO II. CARTA DE ALFREDO DOS ANJOS PARA GETÚLIO VARGAS   313

ANEXO III. DECIFRANDO AS INSCRIÇÕES DO NORDESTE DO BRASIL   319

NOTAS E REFERÊNCIAS BIBLIOGRÁFICAS   397

"Nas ilusões está todo o prazer da vida e por isso devemos conservá-las, sempre. E, ao passo que umas forem passando, a nossa inteligência arquitetará outras e outras e muitas outras mais perfeitas e que proporcionem mais prazeres que rebatam os sofrimentos anteriores."

ALFREDO DOS ANJOS,
Uma viagem encantadora
(do Rio de Janeiro à Terra do fogo)

PREFÁCIO
POR JOSÉ INÁCIO DE MELO SOUZA

 texto sobre Alfredo dos Anjos que o leitor tem nas mãos, e que lerá com prazer, foi escrito por um pesquisador do cinema brasileiro cujo nome talvez não seja tão familiar aos pertencentes ao meio, mas que será lembrado por aqueles que começaram a trabalhar no período pré-internet, quando tudo tinha que ser concretizado por meio do auxílio do papel, ou seja, o trabalho de pesquisa se fazia com o auxílio de fichas, catálogos e acervos documentais fisicamente instalados.

Jair Leal Piantino também será lembrado como pertencente à geração dos "gloriosos" anos posteriores a 1975, quando um grupo de estudantes e professores formados nos ensinamentos de Paulo Emílio Sales Gomes, egressos da Escola de Comunicações e Artes da Universidade de São Paulo, resolveu tomar para si a tarefa de retirar do limbo onde se encontrava a Cinemateca Brasileira para restituir--lhe o destino manifesto de ser, mesmo que por algum tempo, o melhor arquivo de filmes do país. Piantino começou como auxiliar na biblioteca, mas, como muitos outros nesses tempos de glória, "suor e lágrimas", passou por diversos setores, colaborando naquilo em que seus conhecimentos podiam influir de alguma maneira. Depois, especializou-se em sua área original, documentação e biblioteconomia, encerrando sua fase de coringa. O que persistiu foi a obsessão por Alfredo dos Anjos e seu *O Brasil maravilhoso*.

Alfredo dos Anjos é um exemplo paradigmático dos cavadores que enxameavam o cinema brasileiro nos anos 1920. É claro que eles não se definiam dessa maneira. O apodo veio por outras mãos, com os ideólogos de um cinema de ficção brasileiro de estúdio, com características de uma confecção em tudo bebida em Hollywood, pretensamente bem-feita, onde os traços de brasilidade apareciam sob as marcas da "branquitude" e da urbanidade ultramodernas. Os cavadores, que trabalhavam principalmente com documentários e cinejornais, eram o exemplo daquilo que devia ser negado e renegado. Embora fossem práticas que mantinham cinegrafistas e laboratórios em operação, os cavadores eram desprezados por servirem imagens de segunda categoria, mal filmadas e rapidamente lançadas nos cinemas; em geral eram encomendas ou autopromoções argentárias (o grande pecado: querer ganhar dinheiro) e de consumo imediato. Quando se metiam a criadores de ficção, inventavam uma "escola de cinema" para a captação do dinheiro dos alunos, que se tornavam os financiadores indiretos dos filmes produzidos. Maria Rita Galvão esquadrinhou e desencavou histórias saborosas sobre esses produtores e diretores mambembes, dos quais bons exemplos eram os Kerrigan, que surgiam nos vários meios cinematográficos regionais com cabe-

PREFÁCIO

dais hollywoodianos; e os Ponti, não o italiano que tinha Sofia Loren aos seus pés, mas o ítalo-brasileiro que acabou como gerente de um hotel fuleiro em São Paulo. Alguns ainda mereciam algum respeito, como os Rossi ou os Del Picchia, mas sempre apareciam aqueles que tinham uma cópia de uma produção brasileira ou estrangeira em exploração pelos cinemas do interior, sem que o produtor original, o detentor dos direitos, visse qualquer resultado monetário dos borderôs.

Pois foi nesse mundo de golpes de sorte, sonhos e lances rocambolescos que floresceu um digno competidor do italiano Eugenio Centenaro, dito Kerrigan: Alfredo dos Anjos. Nascido em Portugal, em 1880, veio para o Brasil por volta de 1911, trabalhando para patrícios instalados no Rio de Janeiro com negócios de importação de louças, ladrilhos e outros equipamentos sanitários. Seu desejo não era ficar atrás de um balcão cofiando os bigodes, um lápis atrás da orelha e criando pança até ser chamado de "comendador". Como tinha ocorrido com alguns predecessores próximos (Paschoal Segreto, José Roberto da Cunha Sales), a experiência no campo "sanitário" levou-o a propor uma patente de invenção de "aperfeiçoamento" da latrina. A atitude criativa apontava para um espírito irrequieto. O desejo de "fazer a América" falou mais alto. Em breve, transformou-se em vendedor viajante para o Nordeste e Norte do Brasil. O conhecimento das potencialidades do interior atrasado espicaçou sua imaginação e, em 1916, já o vemos metido em uma empresa agrícola para a exploração do vale do São Francisco. Nos dez anos seguintes esteve em andanças de um lado para outro, escrevendo sobre suas viagens nacionais e internacionais, até que em 1927 foi para Portugal com um filme de cavação na bagagem. Como o cinema entrou na sua vida? Podemos especular que ele deve ter cruzado pelo interior com exploradores de filmes que andavam de cidade em cidade com um título debaixo do braço, posto que o cinema brasileiro ou estrangeiro tinha uma distribuição muito precária fora das capitais. Levar a novidade do cinema aos matutos das pequenas cidades ainda era um negócio factível nos anos 1910-20. Fosse esta ou outra a razão, o fato é que viajou com um documentário de cavação sobre o Brasil e voltou da terrinha com outro sobre Portugal, que lhe deu

13

uma bela renda, pois Jair Leal Piantino localizou a informação de um público de 10 mil espectadores no Rio de Janeiro para *Portugal actual*. Nos anos seguintes o cinema não o abandonaria, culminando com *O Brasil maravilhoso*, tão bem analisado pelo autor.

Aos títulos de inventor, vendedor, escritor, incorporador de grandes negócios agrícolas e produtor de filmes, Alfredo dos Anjos ainda anexou os de naturalista, arqueólogo, etnógrafo e – por que não? – historiador das origens antiquíssimas deste paraíso tropical. Em qualquer uma dessas classificações, o autor do livro *Alfredo dos Anjos: viajante e cineasta luso-brasileiro* mostra como o cavador se encontrou, no interior de Goiás, com Apollinaire (Apolinário) Frot, que se intitulava engenheiro e francês. Frot, personagem da mesma dinastia misteriosa que teve em Percy Fawcett seu exemplo trágico, tinha uma teoria sobre os petróglifos que encontrava pelo sertão, explicando-os como herança de civilizações mais antigas que teriam vivido no Brasil. Alfredo dos Anjos também embarcou no mundo das elucubrações visionárias sobre a chegada de fenícios ou outros povos antes dos portugueses (de uma certa maneira, uma traição às origens lusitanas; um definitivo virar de costas para Portugal), que o levou aos qualificativos anunciados acima. Tentavam entender o Brasil por outras vias que não a sociologia ou a antropologia modernas, americana ou europeia, que apareceriam na década seguinte pelos escritos de Sérgio Buarque de Holanda ou Gilberto Freyre, porém pelo viés milenarista, fantástico e popularesco. Perdidos nos grotões da Bahia ou de qualquer outro lugar do Leste-Nordeste árido, todos estavam enlouquecidos pela luz tropical, pelo maravilhoso que se manifestava nas pedras marcadas encontradas pelo sertão, pela ânsia da fortuna, que os fazia mergulhar nas mais tresloucadas teorias sobre fenícios, minas de prata, inscrições rupestres, decifração de códigos marcados nas rochas por povos antiquíssimos, ou seja, faiscadores de explicações para um Brasil que não entendiam, contudo imaginavam como maravilhoso.

Estratégia comum a vários cavadores, Alfredo dos Anjos tentou uma aproximação com o Estado, no pós-1930 já dominado por Getúlio

PREFÁCIO

Vargas. Os tempos tinham mudado. Suas cavações já não tinham o condão de despertar interesse. Se não conseguiu nada, pelo menos salvou-se a documentação que enviou ao governo, fonte para uma exposição coerente da estrutura do que seria sua obra principal, *O Brasil maravilhoso*, e para a organização dos fragmentos que sobraram dos filmes brasileiros e portugueses em que esteve envolvido ao longo de sua carreira. O governo não se interessou pelo canto de sereia de Alfredo dos Anjos porque tinha suas próprias ideias sobre a propaganda estatal. Depois de 1937, a difusão de imagens governamentais encontrou expressão em três órgãos (Ministério da Agricultura, Instituto Nacional de Cinema Educativo e Departamento de Imprensa e Propaganda), tornando supérfluas as intervenções de outros agentes no processo. Os cavadores tiveram que se profissionalizar, ou então sumiriam do mercado. Foi o que aconteceu com Alfredo dos Anjos. Seus últimos dez anos de vida no Brasil foram obscuros.

O trabalho de Jair Leal Piantino, em outra chave, talvez mais sonhadora, soma-se ao de Maria Rita Galvão, seco e de ponta afiada, apontando para a constância do fenômeno da cavação nos anos 1920. Ao jogar luzes sobre um aventureiro luso-carioca-nordestino, o texto nos descortina a abrangência de um sistema de produção que pensávamos paulistano, mas que se encontrava ramificado pelo resto do país, por outros meios cinematográficos. A amplidão dos casos aponta para agentes inseridos numa ordem pré-capitalista, trabalhando na construção de produtos decorrentes da bricolagem de materiais fílmicos nacionais ou estrangeiros, num artesanato sujeito ao desaparecimento a qualquer movimento tectônico imprevisto.

O horizonte da cavação era muito restrito, operando no horizonte do imediatismo. Quando ocorreu a alteração tecnológica trazida pelo filme sonoro, poucos conseguiram se adaptar ao novo processo (em São Paulo, Gilberto Rossi foi um dos sobreviventes, porém somente quando se aliou a outros imigrantes da Europa do Leste). A exposição do caso Alfredo dos Anjos trazida por Jair Leal Piantino demonstra bem as amarras do processo e como ele estava fechado no tempo, num modernismo às avessas.

INTRODUÇÃO

ncontra-se no Arquivo Nacional, no Rio de Janeiro, uma correspondência datada de 20 de agosto de 1934, enviada por um produtor cinematográfico de nome Alfredo dos Anjos e dirigida ao então presidente da República, Getúlio Vargas.[1] No documento principal, Alfredo faz apresentação de si mesmo, homem lusitano morador no Brasil e naturalizado brasileiro, que com intenso orgulho dedicou-se "*ao Comércio, à Indústria, à Lavoura e à Navegação; à Botânica, à Mineralogia, ao Turismo e à Cinematografia*" – ofícios desempenhados ao longo da vida, como esta pesquisa efetivamente comprovará.

O motivo da correspondência é a solução financeira que solicita para *O Brasil maravilhoso*, película silenciosa realizada por ele alguns anos antes e à qual deseja acrescentar o recurso do som. Em contrapartida ao subsídio do governo federal, promete intensa propaganda do país por meio da circulação internacional do filme.

Nem mudo nem sonoro, *O Brasil maravilhoso* em sua inteireza deixou de existir. Sob título genérico, restam dele diversos fragmentos no acervo da Cinemateca Brasileira, provenientes de um lote de nitratos da Cinemateca do Museu de Arte Moderna do Rio de Janeiro, constituídos por sua vez da mistura arbitrária com realizações de terceiros, conforme se explicará no devido tempo. Por sorte, na carta ao presidente, entre outros documentos, Alfredo dos Anjos anexa a transcrição completa dos intertítulos de seu filme, o que permite a reconstituição possível de sua narrativa documental, primária e comum, mas, sob outros aspectos, singela e principalmente reveladora de uma personalidade em sintonia com sua época.

Separar dos planos esparsos o que pertence a *O Brasil maravilhoso* e, depois, reordená-los seguindo os intertítulos mencionados foi a primeira proposta de trabalho na época em que eu era funcionário da Catalogação da Cinemateca Brasileira. O resultado exigiu em seguida o risco de uma análise a partir de seu contexto de realização. De data mais recente, após a aposentadoria deste autor, foram as pesquisas efetuadas na Hemeroteca Digital Brasileira, assim que a obsessão pelo produtor luso-brasileiro encontrou nesse extraordinário serviço da Biblioteca Nacional uma mina de ouro, sem a qual tudo teria permanecido ainda mais obscuro.

Ao contrário do eixo que este trabalho ambiciona imprimir à vida de Alfredo dos Anjos, o ofício de cineasta ou produtor cinematográfico não lhe é determinante. Em todas as profissões em que está envolvido, o elemento que lhe traz maior compensação, no limiar da aventura e da liberdade, é o espírito prático e fantasioso da viagem, e é por meio dela ou em nome dela que as lidas umas às outras se encaixam.

INTRODUÇÃO

Com esse sentido, a primeira parte deste volume destaca seu trabalho de representante comercial e vendedor itinerante, que se desdobra em tentativas fracassadas de ampliação dos negócios, no qual o viajar é parte intrínseca da função. Em seguida, quase como um prolongamento "natural", Alfredo dos Anjos envolve-se com o cinema, em específico o documental, o que lhe autoriza a viajar para coletar imagens e também distribuí-las comercialmente.

A terceira parte descreve *O Brasil maravilhoso*, peça central de documentação das paragens brasileiras que o viajante, transformado em naturalista, percorre ou sonha percorrer. As partes quatro e cinco recuperam a trajetória do filme nos circuitos nacionais e, internacionalmente, na ponte que seu realizador efetua com Portugal, sua terra de origem. A sexta parte trata de seu retorno ao Brasil e da solicitação ao presidente Vargas de estender a carreira de *O Brasil maravilhoso* pelo mundo, depois de sonorizá-lo, no intuito de atingir tantas outras localidades visadas por um plano viageiro a ser demarcado em conjunto com o governo brasileiro.

Por fim, a sétima e última parte encerra a saga de Alfredo dos Anjos, que, em idade mais avançada, efetiva sua última viagem: um reencontro aventureiro com o antigo amigo dr. Frot, cuja nova atribuição de guia de excursão lhe faz merecedor. A quase totalidade da excursão em busca desse amigo, o *sábio francês* e, como ele, viajante europeu empenhado na descoberta do Brasil, propicia o Anexo III, que reproduz a reportagem jornalística suscitada pela expedição.

Reconstituir pedaços da vida de Alfredo dos Anjos não o torna hoje um grande cineasta, nem o seu filme um grande documentário, mas ilumina um Brasil sobre o qual a imaginação do viajante estrangeiro o vislumbrava maravilhoso.

1
REPRESENTANTE COMERCIAL E VIAJANTE

m ano não muito preciso, por volta de 1880, nasce Alfredo dos Anjos em Aldeia Nova do Cabo; numa data também indeterminada, muda-se para Fatela, logo ao lado, ambas freguesias do concelho de Fundão, região central de Portugal. Aos 17 anos (idade provável), solteiro, operário declarado, passa por Lisboa a exatamente 3 de novembro de 1897 e lá deixa registrado seu passaporte, que menciona São Tomé, na África, como destino.[2]

Pode ser que daí tenha iniciado seu périplo pelo mundo, mas o que se sabe, segundo seus dizeres na carta ao presidente, é que o fez muito moço; portanto, deve ter chegado ao Brasil no início do século XX, onde acabou se naturalizando por volta de 24 de fevereiro de 1923.[3] Sua profissão é o comércio e nele procura a estabilidade. A princípio, como empregado, ao ser nomeado pela Inspetoria da Alfândega, em maio de 1911, caixeiro-despachante da firma Amaral Guimarães & C., juntamente com Oscar de Matos Guimarães.[4] Pouco mais de um ano e meio depois, como patrão, ao assinar, em novembro de 1912, contrato com os sócios Joaquim Gonçalves Paul, Manuel de Almeida Guerra, Antônio Augusto, Albano Ferreira Lima e mais um comanditário, e estabelecer firma própria, sob a denominação de Anjos Paul & C.[5] Situada à rua Santo Cristo (ou Santo Cristo dos Milagres) nº 54, a loja dedica-se à revenda de materiais de construção importados e louças sanitárias.

Tem pouca duração a empresa sob esse comando, pois em maio de 1913, com o colega Oscar, da Inspetoria, e o mesmo Manuel da sociedade anterior, associa-se a Antônio de Campos Amaral (talvez da firma que representou como despachante) e dá início a empreendimento assemelhado – a Amaral Anjos & C., no mesmo endereço da Santo Cristo e também voltado para o comércio de mármores, ladrilhos etc., como alardeia a propaganda.[6] Um mês antes, perdera o cargo de caixeiro ao ser exonerado pelo inspetor da Alfândega "por não renovar as fianças no prazo devido".[7]

A nova firma, porém, mancha com rapidez sua reputação. Falcatruas e tramoias armadas pelos companheiros envolvem, entre outras instituições, a Companhia de Eletricidade, a Alfândega e a Saúde Pública. As denúncias procedem do sócio da primeira companhia, Antônio Augusto, que no relatório de 24 de abril de 1914 aponta o procedimento incorreto com clientes e fornecedores, a burla de contratos e o aumento de preços visando ilícitos, em que foram cometidos "ao mesmo tempo um abuso de confiança e um roubo à Fazenda".[8]

O imbróglio resultante do desligamento de Alfredo dos Anjos da empresa termina com a transferência de sua quota a outro associado, Jerônimo de Matos Guimarães, em 4 de junho do mesmo ano.[9] Alfre-

REPRESENTANTE COMERCIAL E VIAJANTE

do sai como o maior prejudicado nas negociatas, pois havia assinado contratos com fornecedores internacionais, "perdendo crédito nas praças de Londres, Paris, Hamburgo e Nova York", conforme o mesmo relatório da denúncia. Deve ser verdadeira a colocação: registros do movimento do porto carioca em anos anteriores indicam inúmeros deslocamentos dele para a Argentina e para a Europa, supostamente no trato de negócios.[10]

Estreitados dessa maneira os horizontes profissionais no Rio de Janeiro, o ex-empresário decide retomar em outras paragens as atividades assalariadas de representação comercial. No início do ano seguinte, parte para Paraíba do Norte (nome, à época da capital João Pessoa)[11] e de lá se dirige para o Recife, onde senta praça em junho de 1915, apresentando-se como viajante e representante geral da Bernardino Costa C., afiliada da Amaraes Pimentel & C. e da Amaral Guimarães & C. (famílias com as quais parece manter fortes vínculos, apesar dos dissabores sofridos). Os serviços prestados não diferem das atividades anteriores: revenda "a preços vantajosos [de] azulejos, ladrilhos, mármores em bruto ou em obras, cimentos, gesso, filtro, louças sanitárias (banheiros, *bidets*, latrinas, lavatórios, mictórios etc.), tubos para esgotos e muitos outros artigos de saneamento moderno [no] mais completo sortimento deste gênero na América do Sul".[12]

Entretanto, na capital pernambucana também é curta a estadia. Volta ao Rio de Janeiro em 4 de abril de 1916, chegando do Norte,[13] e em poucos dias está envolvido com a criação de uma empresa agrícola no vale do rio São Francisco (!). Sabe-se que, com um grupo de amigos do Rio de Janeiro, havia comprado algumas terras em região localizada em Belo Monte, distrito de Januária, "um dos lugares mais pitorescos da margem do rio [São Francisco] em Minas". Ali tinha iniciado "uma pequena lavoura de algodão e cereais"[14] e organizado a Empresa Agrícola Campos Belos. Era sua pretensão abrir o capital para torná-la uma formação mais vultosa – a Companhia Agrícola e Industrial São Francisco –, o que tenta fazer por intermédio de um anúncio, repetidas vezes publicado, em que convida amigos e conhecidos para uma reunião no dia 9 de abril de 1916, na Pensão Rio

25

Branco, para tratar da fundação do estabelecimento, que teria sede no Rio e diversas agências nas capitais dos estados.[15]

Extenso artigo pago, de 5 de agosto do mesmo ano, explicita mais a constituição da nova firma. Cerca de mil subscrições permitiriam a continuidade e a expansão dos negócios, ao passo que uma comissão organizadora já estaria em formação. Alfredo dos Anjos aparece nomeado iniciador e, evidenciando de novo as estranhas relações com a família Amaral, o presidente é João da Costa Amaral, e José Joaquim dos Campos Amaral, o tesoureiro.[16]

A finalidade da Empresa Agrícola e Industrial São Francisco, nome definitivo da companhia, era:

> A exploração das magníficas matas das margens do rio que lhe servem de nome, desenvolvendo tanto quanto lhe for possível a exportação de madeiras finas das diversas qualidades que ali existem, [para] promover a cultura do algodão, paina, cana, borracha, café, cacau, arroz e outros cereais, ao mesmo tempo que tratará da criação de gado. [Para tanto, aumenta os predicados das terras compradas:] Os iniciadores desta futura empresa possuem já uma importante fazenda num dos melhores pontos daquela zona que, além de belas madeiras de lei, tem já bastante adiantadas várias culturas de largo futuro, cujos direitos e posse serão transferidos à empresa e convertido seu valor em ações. [E mais:] Outras fazendas de valor tem já em vista e em caminho de aquisição a comissão organizadora, cujas compras, feitas em boas condições, serão a garantia do bom êxito da empresa, pois serão igualmente convertidas em ações.

O gigantismo do projeto é seu sinal de descrédito, quando se observa em retrospecto o incipiente capitalismo brasileiro de então. O empreendimento antecipa seu próprio fracasso ao estipular a quem se destina sua capitalização: à classe pobre, pois, como "a iniciativa partiu de um modesto, como modesta é a comissão organizadora [...], nem pensa a comissão em chamar para a simpática empresa os dinheiros dos grandes capitalistas". Por quê?

REPRESENTANTE COMERCIAL E VIAJANTE

Sabe[-se] de antemão que os seus nomes modestos de simples obreiros não podiam merecer confiança a esses capitalistas, que, infelizmente para este grande Brasil, são incapazes de auxiliarem uma iniciativa dos pequenos. É, pois, uma empresa especialmente destinada aos auxiliares do comércio, pequenos comerciantes e industriais, que, como a própria comissão e iniciadores, vivem do seu trabalho: os pequenos para os pequenos.[17]

Sonho idealista ou estelionato quase involuntário? Pouco importa, o empreendimento não avança e da empreitada nada mais se noticia. Alfredo reclama, na primeira oportunidade: "as dificuldades de encontrar subscritores nacionais ou nacionalizados [tinham sido] enormes: os capitalistas do dinheiro [...] quase todos se escusa[ra]m e isto eu creio que é porque a iniciativa partiu d'um modesto e insignificante obreiro em vez de ter sido d'um homem de dinheiro".[18]

Em novembro de 1916, pouquíssimos meses depois da anunciação retumbante da empresa, está Alfredo dos Anjos a apresentar queixa contra a Lago & Silva, alegando não ter recebido pelas cobranças que fizera para a firma – seu eventual ganha-pão. A Lago & Silva, por sua vez, acusa Alfredo de ter se apoderado de alguns valores cobrados e, portanto, não lhe caber qualquer pagamento.[19] Nesses seus aproximados 36 anos de idade, Alfredo dos Anjos enfrenta difícil situação financeira.

De animador, resta para Alfredo a continuidade ao malogrado tema do vale do São Francisco, assunto sobre o qual passa a exibir vastos conhecimentos. Ainda em 1916, dirige um apelo veemente aos poderes constituídos de Minas Gerais, com as seguintes observações:

É necessidade urgentíssima que há de se estabelecer uma empresa de navegação fluvial no rio São Francisco, com carreira diária entre Pirapora de Minas e Juazeiro, ou pelo menos entre o rio Corrente ou Carinhanha e Pirapora. Esta zona é riquíssima em produtos naturais de toda espécie [e] se acha quase completamente abandonada, por falta de transportes fáceis, que impedem o seu progresso e colonização [...]. Uma empresa baiana, que recebe do governo federal uma subvenção de quinhentos contos anuais e tira um líquido de cada viagem a Pirapora de cerca de 5 contos,

Alfredo dos Anjos por Garcia

REPRESENTANTE COMERCIAL E VIAJANTE

simula servir esta zona a cujos interesses não liga a devida importância e prejudica constantemente o comércio, a indústria e a lavoura, sobretudo neste Estado de Minas, onde o descontentamento é geral. Agora mesmo está-se organizando uma representação geral dos habitantes ribeirinhos ao governo do Estado a pedir uma outra empresa mineira. [...]. O dr. Delfim Moreira, que está fazendo um governo de bem orientada e enérgica expansão econômica, devia voltar para ela a sua preciosa atenção.[20]

Para fortalecer a petição, em agosto de 1917 – quase um ano depois, portanto –, recorre ao poder central, agora ao sr. ministro da Viação, solicitando a criação "de uma agência permanente da Empresa Viação do São Francisco" em Belo Monte, de onde diz ser morador. O pedido é indeferido.[21] No mesmo mês está no Rio de Janeiro e, no dia 21, na regional da Sociedade Nacional de Agricultura, da qual é sócio, realiza "interessante conferência sobre o vale do rio São Francisco [...], advogando medidas que considera importantes e de resultados para o país".[22]

O efeito maior da conferência é a publicação do opúsculo *O Rio São Francisco*, ao qual acrescenta um longo subtítulo explicativo: *O vale do Rio São Francisco será o celeiro do Brasil, descrição de algumas das suas riquezas e belezas naturais, sua importância agrícola e industrial, viação fluvial, comércio, saneamento, maneira fácil da sua exploração e outras notas interessantes.*[23] No geral, defende o estabelecimento de "navegação regular no rio e seus principais afluentes para facilitar os transportes e colonização" e discrimina a quantidade de embarcações, cidades beneficiadas e até o número de viagens necessárias por semana, sempre por ter em vista o escoamento de passageiros, de circulação comercial e da produção industrial e agropecuária.

Uma fotografia sua nas primeiras páginas do livro chama a atenção para os aproximados 37 anos de idade. De autoria do fotógrafo Garcia, vê-se um senhor de terno e gravata, bigode com pontas pronunciadas, incisivas e distanciadas do cavanhaque, cabelo aparado bem rente, lábios carnudos e sobrancelha bem delineada. A foto ovalada o colhe de frente, como um busto, mas a cabeça em giro de cerca de trinta graus à esquerda recusa a pose escultórica. Destacam-se os olhos saltados que em diagonal apontam, sonhadores, para uma observação distante. Ou desconsolados, se estiverem a corroborar o esforço do que chama a classe média laboriosa – estrato em que se inclui, aquele "que forma a maior parte do Capital-Trabalho que [...], é posto pela nossa sociedade no antro do desprezo e calcado pelo egoísmo escravizador que o reduz ou tenta reduzir àbaixo de zero".

Alfredo dos Anjos quer deixar impresso desse modo, em tom mais contestador, o que a malfadada Empresa Agrícola e Industrial São Francisco apontara como promissor objetivo. Nesse sentido, a se acreditar na intenção política e social que daria base para seus ideais dessa época, recomenda para o vale o saneamento das povoações da beira dos rios e a redução dos preços de fretes e passagens das estradas de ferro, "a fim de facilitar a imigração para aquela zona e auxiliar o comércio de importação e exportação".

Imperam também no conjunto das ideias, primeiro, o desejo de que seus estudos profundos da matéria sejam "de alguma utilidade à sociedade", caso "houver boa vontade e um pouquinho de esforço do governo e particulares", e, segundo, o alentado plano de colonização, que pressupõe um sistema híbrido formado de "empresas nacionais ou mesmo mistas, o mais nacionalizadas possível", ambicionando transformar "sertões desertos e incultos em verdadeiros jardins semeados de aldeias, vilas e cidades intermediadas de fábricas e campos de cultura e criação".

O livreto tem repercussão. Em 1º de outubro de 1919, na Biblioteca Nacional, durante o Segundo Congresso Brasileiro de Expansão Econômica, Alfredo dos Anjos apresenta sua memória sobre o vale do rio São Francisco e pleiteia "duas indicações: uma sobre crédito agrícola e outra sobre estradas de ferro". E no dia 16, ao término dos trabalhos do Congresso, depois da reunião de conclusão das dez comissões que constituíram o evento, torna a expor sobre "as riquezas do Alto São Francisco e o seu aproveitamento e sobre crédito agrícola".[24]

No intervalo entre a palestra na Sociedade Nacional de Agricultura e sua participação não de todo insignificante no Congresso de Expansão Econômica, inúmeras viagens haviam ocorrido, obrigações

REPRESENTANTE COMERCIAL E VIAJANTE

decorrentes da provável retomada dos negócios de representação comercial. Viajara a Manaus em agosto de 1917.[25] Pegara o vapor em direção à Bahia em setembro do mesmo ano.[26] Em junho de 1918, retornara ao Nordeste, com desembarque específico em Penedo, Alagoas, a poucos quilômetros da foz do rio São Francisco.[27] E outra partida para o Norte,[28] de onde volta ao Rio de Janeiro pelo paquete de nome Pará, em abril de 1920.[29]

Talvez pelas oportunidades encontradas por conta dessa intensa circulação comercial, no último trimestre do mesmo ano anuncia em matéria paga sua mudança do Rio de Janeiro para Salvador: "Viajante com prática bastante e conhecendo bem as principais praças do interior, tanto do norte e sul, litoral, como os do centro do país, oferece os seus serviços à casa importante, para venda ou compra, ou propaganda de quaisquer artigos. Correspondência a Alfredo dos Anjos. – Rua Senhor dos Passos 27, até o dia 9 do corrente e depois, Caixa Postal 318. – Bahia".[30] Surte efeito o oferecimento, pois, segundo catálogo anual sobre o comércio baiano, trabalhará na capital do estado pelo menos até 1926 no setor de "comissões, consignações e representações".[31]

Desassossegado, também em Salvador a comichão do São Francisco persevera. Ei-lo envolvido de novo, em abril de 1922, na fundação de uma empresa exploradora das riquezas do vale do rio: a Companhia Serraria Flutuante São Francisco, inteligente iniciativa – como apregoa a publicidade – a ter entre os signatários, além de Alfredo, os senhores Lawrence S. Ross, Boy Vivian, Augusto Ayres da Matta Machado, João Edmundo Caldeira e Luiz Wenz. A órbita de ação, de exclusiva extração de madeira, recairia sobre "as imensas matas virgens que margeiam o rio São Francisco e os seus tributários Jequitaí e Paracatu" – portanto, centro-norte e noroeste de Minas Gerais. A empresa operaria "em pleno curso de água, por meio de um batelão de vinte metros de comprimento e seis de largura, em que ser[ia] instalada a serraria, constante de maquinismos aperfeiçoados e aptos a todos os trabalhos concernentes a esse ramo de indústria".[32]

Como as demais tentativas, não saem do palavrório as intenções da empresa, mas, felizmente, enquanto representante comercial, Alfredo dos Anjos não conhece o fracasso.[33] Nos próximos sete ou oito anos, a contar de sua chegada a São Salvador, mantém-se estável e conforme às rotinas do emprego usual, eventualmente expandindo a função de vendedor. Nesse sentido, procura, por exemplo, espraiar suas atividades fora do território baiano, onde se fixara. Pede privilégio ao diretor-geral de indústria e comércio da Saúde Pública do Rio de Janeiro, através do memorial descritivo *Aperfeiçoamentos referentes a caixas de descargas para latrinas*,[34] e é autorizado a tê-lo para o ano de 1921.[35] No transcorrer do ano seguinte, recebe outro privilégio, agora referente a "um novo tipo de ladrilhos hidráulicos imitação de mosaicos circulares".[36] Empenha-se de igual modo junto à Secretaria das Obras Públicas do Rio Grande do Sul, mas nesse caso o despacho, apenas noticiando o pedido, não deixa explicitado o favorecimento.[37]

Outros interesses, focados todos no Rio de Janeiro, também permanecem ativos. De uma apelação criminal contra Bernardo Silva ou Bernardo da Silva, de quem se julga vítima, sobem os autos ao Supremo Tribunal Federal, que julga improcedente a ação.[38] Requer ainda registro no Indicador Comercial Brasileiro "para distinguir artigos da classe 50 letra J. Dep. 2.192" junto à seção de marcas de indústria e de comércio da Diretoria Geral da Propriedade Industrial,[39] mas, como não cumpre depois os dispêndios exigidos, a mesma diretoria o convida "para o pagamento das taxas de suas marcas mandadas a registro".[40]

A representação comercial, que lhe cobre o orçamento mensal entre 1920 e 1927, também permite suas viagens pelo Brasil, suavizando assim a rotina profissional. Pará novamente;[41] Macau, no Rio Grande do Norte;[42] outra vez Pará, para sua capital Belém;[43] para Cabedelo, Paraíba;[44] de retorno à Bahia;[45] para Natal de novo.[46]

No intervalo entre essas viagens, Alfredo dos Anjos encontra o confessado momento de realização pessoal ao conceber uma grande excursão, entre 1922 e 1923, com saída do Rio de Janeiro em direção a Valparaíso, no Chile. Conforme se apreende do roteiro da viagem que, quatro anos mais tarde, sob o pseudônimo de Alfanjos, manda publicar em volumoso livro, era sua intenção "tratar de negócios comerciais e aproveitando as horas vagas e alguns dias disponíveis [...]

Uma viagem encantadora *(1927)*

apreciar a natureza".[47] Na verdade, foram meses de apreciação das áreas rurais e urbanas de três países – Brasil, Argentina e Chile –, devidamente documentadas para um guia ilustrado.

Nas primeiras páginas de *Uma viagem encantadora (do Rio de Janeiro à Terra do Fogo)*, Anfanjos filosofa sobre os prazeres que o deslocamento turístico oferece. Depois, de maneira prática, relaciona os itens necessários para obtenção de passaporte, cuidados pessoais, composição das bagagens, itinerários e meios de locomoção disponíveis a cada parte do trajeto (trem, navio a vapor, lancha ou cavalo).

Em seguida, começa o roteiro propriamente dito, com início no dia 1º de outubro de 1922, pela então Capital Federal. Aqui, com olhar de turista, visita a Exposição de Comemoração do Centenário da Independência do Brasil e percorre os museus, as praias, as atrações naturais, os parques, os teatros e as igrejas. Segue para a cidade de São Paulo e, depois, para o interior do estado (Campinas, Sorocaba, Piracicaba, Presidente Epitácio), atingindo os saltos de Guaíra e as Cataratas do Iguaçu, portas de entrada para a Argentina, chegando até Buenos Aires, sobre a qual dá mostras do mesmo deslumbramento com que descrevera a cidade do Rio de Janeiro.

Ainda na Argentina, de Mendoza cruza a fronteira com o Chile, atravessa os Andes e chega a Santiago e Valparaíso, de onde retorna à capital portenha, sobe para Montevidéu e alcança diversas cidades do Rio Grande do Sul e de Santa Catarina. Na narração sobre o Paraná, detém-se extasiado nas formações rochosas de Vila Velha, cidade misteriosa ou bosque dos deuses, como as invoca – deixando o registro de seu primeiro sinal de fascínio por teorias e especulações históricas sobre movimentações humanas do Oriente para o Ocidente antes da "descoberta" das Américas, como se verá mais adiante.

A excursão continua pelo litoral de São Paulo, principalmente Santos; e por Parati e Angra dos Reis adentra novamente o Rio de Janeiro, onde ainda encontra fôlego para conhecer as principais cidades no entorno: Niterói, Petrópolis e Teresópolis, dando por encerrada a viagem no dia 31 de maio de 1923. Impossível negar-lhe, portanto, a vaidade de desbravador com que se exprime na carta ao

REPRESENTANTE COMERCIAL E VIAJANTE

presidente Vargas, o mesmo espírito que o levou nas primeiras décadas do século XX a "quase todo o Brasil e à maior parte dos países do Globo", com a finalidade de "estudar a civilização de cada um e poder formar uma ideia do seu conjunto".

Nessa etapa de publicação do guia, em 1927, superando a meia-idade (47 a 48 anos), presume-se uma vida com poucos sobressaltos. É homem religioso e solteiro (ou, pelo menos, solitário familiarmente, pois nunca menciona esposa ou filhos que o teriam acompanhado na grande viagem).[48] E também notoriamente conservador, apesar da precedente exortação em favor das classes oprimidas, sustentáculos das fabulosas empresas do São Francisco. Perante o movimento tenentista de julho de 1922, por exemplo, posicionara-se a favor do governo constituído e a ele enviara congratulações pelo "restabelecimento da ordem legal e da atitude enérgica [...] em face dos últimos acontecimentos".[49] Em 1928, entre outros signatários do Rio de Janeiro, manifestará "regozijo pelo restabelecimento do chefe da nação", Washington Luís.[50]

Tampouco demonstra qualquer sinal de desenraizamento, convivendo calorosamente com as duas pátrias que ama. Pelo Brasil, nutre verdadeira adoração, o país das maravilhas que o acolheu; e às coisas portuguesas não se abstém do apego, relembradas sempre pelo convívio com a comunidade lusitana no Rio de Janeiro, como durante a comemoração do décimo aniversário da República de Portugal, a participação em festas religiosas que recordam sua aldeia natal, a celebração de feitos como a travessia do Atlântico pelos conterrâneos aviadores Gago Coutinho e Sacadura Cabral e, no plano pessoal, o reencontro com amigos para dançar o fado.[51]

Ainda em 1927, em paz consigo mesmo e usufruindo de aparente conforto financeiro e profissional, que já lhe propiciara "gostos alegres, desgostos e sofrimentos" em salutares excursões pelo Brasil e parte da América do Sul, Alfredo realiza uma viagem a Portugal, para matar saudades, para promover inovadoras segundas intenções comerciais, ou ambas as coisas.

Na bagagem de ida, teria carregado um filme natural sobre o Brasil, que ao ser exibido na terra natal fora apreciado com grande entusiasmo, como se gaba na carta a Getúlio Vargas, mas sobre o qual nada além disso se obteve, nem mesmo o título. Na bagagem de volta, já no ano seguinte, traz outra fita documentária, *Portugal actual*,[52] de considerável extensão. Constaria de sete atos, assim distribuídos:

> 1º um lindo passeio pelo rio Aveiro e excursão às grutas da serra da Arrábida; 2º vários aspectos de uma romaria no Norte e festas da Restauração de Portugal; 3º Sanatório Marítimo de Outão, em Setúbal e uma pescaria alegre na Caldeira do Seixal; 4º Lisboa, vista do Tejo, desde a barra, a nova linha elétrica de Cascais, festa dos bombeiros municipais de Lisboa etc.; 5º inauguração da ponte elétrica do Cais de Lisboa, corrida pedestre e outros assuntos interessantes; 6º sensacional corrida de touros em Lisboa, pelos mais afamados toureiros portugueses; 7º grande parada militar, na praça da Rotunda, em que tomam parte forças de terra e mar, a aviação portuguesa, com a presença do general Carmona.[53]

Com forte apelo comercial – "um *film* que faz vibrar a alma dos portugueses" –, Portugal actual é anunciado para o dia 4 de junho de 1928, no Cine Central do Rio de Janeiro, com uma apresentação especial de Eunice Marques a cantar "lindas canções portuguesas entre as quais 'Alma portuguesa'".[54] O êxito é tão colossal que as sessões se estendem até o dia 7 de junho, atraindo 10 mil espectadores em apenas três dias.[55]

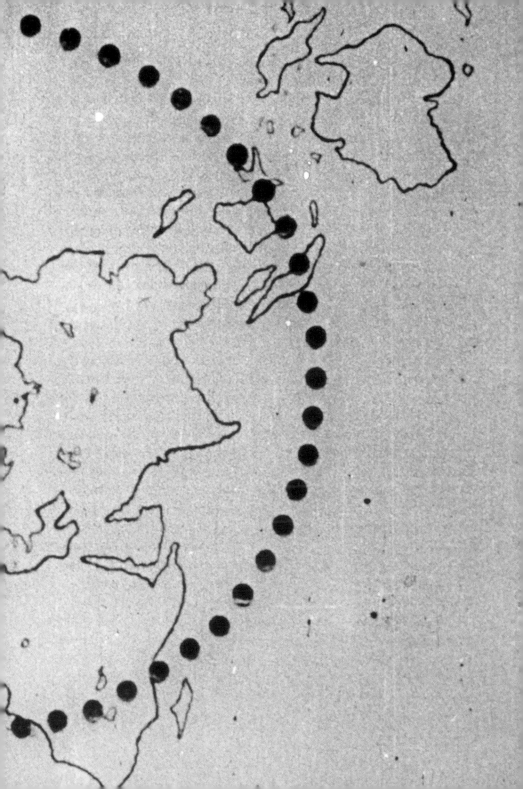

2
VIAJANTE E PRODUTOR CINEMATOGRÁFICO

ão é de todo improvável que Alfredo tenha vislumbrado o poder da imagem em uma conferência no auditório da Sociedade de Geografia do Rio de Janeiro, à qual compareceu em companhia do amigo Antônio Augusto, em 15 de fevereiro de 1914. Nela, o sr. Octávio de Gusmão Fontoura, da Comissão da Defesa da Borracha, relatou a expedição "feita de Cuiabá a Belém pelo Xingu abaixo", ilustrando-a com 25 fotografias em "projeções luminosas" de pessoas e lugares visitados.[56]

ALFREDO DOS ANJOS: VIAJANTE E CINEASTA LUSO-BRASILEIRO

Pouquíssimo tempo depois, em 1917, ao interesse viageiro da palestra e de suas fotografias o representante comercial sobrepõe o reconhecimento do cinema (imagem em movimento) como potente meio de propaganda e eventual fonte de ganhos. Com efeito, no opúsculo sobre o rio São Francisco, anota que "a empresa cinematográfica que mandasse tirar um grupo de fitas das belezas naturais do vale do São Francisco [...] faria um verdadeiro sucesso e ao mesmo tempo seria um bom meio de propaganda das riquezas naturais daquela zona importantíssima".[57]

Não foi, desse modo, a mera casualidade que o fez promover o intercâmbio fílmico Brasil-Portugal, havendo, em 1927-1928, a firme intenção de substituir o ofício de vendedor de peças sanitárias por algo parecido ao de distribuidor de filmes, com o propósito inicial de divulgação publicitária dos dois países. Entretanto, comparando filmografias, o documentário *Portugal actual* não parece um título de produção pré-determinada,[58] mas uma coletânea de produções alheias, quase todas adquiridas da empresa portuguesa Sociedade Raul Lopes Freire.[59] Como se percebe, muito além das atribuições de um distribuidor, Alfredo dos Anjos teria se tornado comprador de produções de terceiros para que, reunidas numa montagem própria, fossem oferecidas ao mercado exibidor como produto de novidade. O mesmo talvez possa ser dito do documentário sobre o Brasil exibido anteriormente em Portugal – prática que, como veremos, Alfredo dos Anjos adotará daqui para a frente, de uma maneira híbrida.

O mais importante a salientar neste momento, a partir dessa experiência inicial com o cinema, é que o bom resultado da empreitada foi tamanho que Alfredo dos Anjos decide contratar ou tomar como sócio o cinegrafista Fausto Muniz, incumbindo-lhe o registro dos melhores momentos de uma grandiosa expedição pelo Brasil Central, do Rio de Janeiro a Goiás, talvez com chegada a Mato Grosso, de cujo planejamento se encarrega. Sem perder o espírito viageiro e o gosto pela aventura, Alfredo dos Anjos passa, agora sim, de distribuidor ou compilador de produções de terceiros a produtor de algumas imagens exclusivas.

VIAJANTE E PRODUTOR CINEMATOGRÁFICO

A duração da excursão não excedeu os seis meses e, no início de 1929, Alfredo divulga os resultados filmados, a eles associando uma aura científica que aparentemente nega a satisfação de seus ímpetos de viajante (o que ele sempre é) e de sua posição atual como produtor cinematográfico (o que talvez ainda nem seja sua pretensão profissional). Na longa entrevista que concede ao jornal *A Noite*,[60] além do difícil trajeto acima mencionado, ele prefere destacar com veemência a espetaculosidade do empreendimento diante de seu aspecto histórico, demonstrando apego a uma figura que ele credita como sábio: o dr. Apolinário Frot com quem – segundo conta – em 1916 tivera o primeiro contato.

O dr. Frot, engenheiro francês, veio ao Brasil para a construção de uma estrada de ferro, passando depois a residir no país. Pesquisador entusiasta de sinais deixados por civilizações antigas, encantou-se com as inscrições que encontrara nas serras de Minas Gerais, Goiás, Mato Grosso e Bahia – segundo ele, marcas da passagem dos fenícios e dos egípcios por terras brasileiras. Pela grande quantidade desses hieróglifos no interior da Bahia, chegou a casar-se, ali, com uma índia, no intuito de obter do cacique da tribo a chave para a decifração dos ideogramas.

A história não só parece extraordinária como o encontro casual entre Alfredo e o dr. Frot também não é lá muito verossímil, ao dar-se à porta de uma gruta na Serra das Araras, na divisa entre Minas e Bahia, "à boca do abismo", quando um entrava e o outro saía. Despediram-se e cada um tomou seu rumo: impressionante o do dr. Frot[61]; mais "prosaico" o de Alfredo, que viajaria para a Europa e a Patagônia, a incluir a Terra do Fogo. No regresso, segundo seu relato cheio de bravatas e imprecisões cronológicas, "internou-se, de novo, pelo interior, indo encontrar-se com o dr. Frot, em Goiás". A reaproximação teria tido como resultado uma sociedade com o intuito de documentar os indícios milenares localizados na Gruta do Inferno, norte de Minas Gerais. Afinal, seria neste local que estariam sedimentados os originais da coleção de mais de 3 mil hieróglifos, cuja transcrição estaria armazenada no arquivo pessoal do dr. Frot.

Por conta da profícua associação com o sábio arqueólogo, Alfredo dos Anjos não se coloca como produtor do filme e se autoproclama naturalista português, igualando-se assim ao mestre e tendo a evocação estrangeira como forma de impor o bombástico depoimento final: "O dr. Frot [...], duas partes de sua vida tem ele consumido nesses estudos de arqueologia, estando, agora, habilitado a transformar a história do mundo, provando, de modo incontrastável, que os egípcios povoaram o nosso solo, assim como os fenícios e os cartagineses, num espaço de tempo nunca inferior a 40 mil anos!".

Todas essas declarações têm mote notadamente propagandístico, é claro, e foram prestadas em seguida à projeção especial dos materiais filmados aos quais Alfredo dera o título de *O mistério do Brasil*, sessão esta ocorrida no Cine Pathé do Rio de Janeiro, a 7 de janeiro de 1929. Entre os diversos convidados, o jornalista Simões Coelho publicará taxativa opinião:

> Sob o ponto de vista científico, a expedição que do Rio se abalou para devassar o sertão baiano à cata de inscrições lapidares denunciadoras de civilizações primitivas [...] foi uma realização brilhante [...]. Só os indiferentes podem bocejar ante a grandeza de subsídios tão importantes para a história do Brasil. Pode até – e deve ser – o prólogo de uma grande obra a realizar e, ao que nos parece, ninguém melhor do que o sr. Anjos para continuá-la, dados os conhecimentos profundos que tem de tão vasta e pouco manuseada matéria.

No entanto, desagrada ao comentarista justamente a parte fotográfica, na qual Alfredo pusera tanto empenho ao envolver Fausto Muniz na excursão. O articulista lamenta a falta de nuanças na fotografia, em que as "velas de magnésio para tirar os interiores das grotas e fundões" limitaram-se a focar fachadas, e critica não terem sido feitas "viragens de esbatida tonalidade, para realçar os trechos". Mas reconsidera depois: "houve da parte do sr. Muniz o natural desejo de acertar; mas cremos que empreendeu obra de tanto vulto sem os elementos técnicos insubstituíveis, [pois] o cuidado que realmente teve na focalização das inscrições hieroglíficas, tornando admirável toda a última parte do filme, é próprio de um operador de talento, a quem, por isso mesmo, não se devem desculpar outros deslizes de relevo técnico".[62]

Uma pequena discussão se instaura. No artigo seguinte, o jornalista reproduz trechos de uma carta sem assinatura, mas com termos muito usuais à escrita de Alfredo dos Anjos, nos quais o questionador, arvorando-se agora como produtor, reclama da atitude impatriótica de quem ignora "as dificuldades com que é preciso lutar para se conseguir neste país alguma coisa que se veja!", principalmente se "os homens do dinheiro, quando o emprestam para fazer fitas, o fazem com receio, desejando que o capital invertido recolha breve com juros e tudo". O articulista lhe responde de maneira simplória: "Para fabricar filmes, o dinheiro não é o principal fator. De nada valem os recursos financeiros, se não houver conhecimentos técnicos que os defendam do seu retraimento. Porque, se têm feito filmes que nada honram a indústria incipiente no Brasil, é que o capital se retrai. Apareçam algumas produções razoavelmente dirigidas e os dinheiros aparecerão".[63]

Morre aqui o assunto e a repercussão recai muito menos sobre as qualidades documentais de *O mistério do Brasil* do que sobre as declarações de Alfredo dos Anjos a envolver o nome do dr. Apolinário Frot.[64] O austríaco dr. Ludovico Schwennhagen, autor de um tratado sobre a Antiga História do Brasil e domiciliado em Teresina, onde é professor de filosofia e história no Ginásio Parnaibano do Piauí, vem a declarar:

> Conheço muito o dr. Apolinário e, há cerca de três anos, com ele passei algumas semanas na Bahia. Tinha, então, o engenheiro francês 52 anos e estava no gozo completo de suas faculdades. Admiro-me, pois, que ele, agora, a serem verdadeiras as afirmações do sr. Alfredo dos Anjos, venha dizer semelhante coisa, isto é, venha a expender ideias tão grotescas, a propósito da história da humanidade, dizendo que este continente abrigou, há 40 mil anos, povos diferentes! [...] São meras fantasias enquadradas pelo sr. Alfredo dos Anjos que, tendo ouvido cantar o galo, não soube dizer aonde.[65]

ALFREDO DOS ANJOS: VIAJANTE E CINEASTA LUSO-BRASILEIRO

Alfredo, que estaria em viagem a Buenos Aires, rebate as acusações, retraindo-se em suas bravatas:

> A ciência não é um dom privado; adquire-se com os estudos. Todos somos ao mesmo tempo sábios e ignorantes. Aquele que conhecer melhor determinada coisa será mais sábio [...]. A nossa tarefa é áspera, porque temos de percorrer, sem os precisos recursos do conforto, sertões bravios, para documentarmos a obra admirável do dr. Apolinário Frot, em pesquisas mais difíceis de fazer do que as que são colhidas nas bibliotecas nos arquivos públicos ou particulares e demandam de mais tempo e menos conforto. [...] Peço a *A Noite* o favor de dizer aos curiosos que tenham um pouco de paciência e esperem a publicação das obras do dr. Frot, para, depois, criticarem, à vontadinha, e se estabelecer a polêmica, que mais ainda aclarará a História da Pré-História, que tanto nos tem preocupado e trará novas luzes sobre o desconhecido.[66]

O debate assim formado corre país afora;[67] o Fenício Club do Rio de Janeiro convida o professor Ludovico a proferir palestra em sua sede sobre o tema "A primeira colonização do Brasil, organizada pelos fenícios no último milênio antes de Cristo";[68] mais tarde, de Curuçá, no Pará, o historiador Jorge Hurley vem a público com o intuito de encerrar a controvérsia sobre os fenícios em terras brasileiras, metendo todo mundo no mesmo saco. Sob o título *Os histriões da pré-história: Schwennhagen, Frot e Alfredo dos Anjos*, Hurley exibe leituras, desmonta teorias, aponta com sarcasmo as incongruências dos pesquisadores estrangeiros e principalmente as do depoimento do não menos estrangeiro Alfredo dos Anjos:

> Essa declaração do sr. dos Anjos feita pela *A Noite*, do Rio, compromete, fundamentalmente, a reputação científica do sr. Apolinário Frot que, se de fato a autorizou, não passa de um reles bularinheiro [sic] de nossa pré-história, como são os srs. Schwennhagen e Alfredo dos Anjos, que pretendem "descobrir" outra vez o Brasil. Que a trindade ridícula, de histriões da pré-história, pregue essas despudoradas invencionices longe do

VIAJANTE E PRODUTOR CINEMATOGRÁFICO

Brasil, suporta-se, mas, aqui dentro de casa, não! É desaforo grosso. Não é possível que o façam sem o protesto dos que, em silêncio, pesquisam, patrioticamente, os fatos adormecidos na pré-história brasileira. Fantasias dessa natureza, acredito, nunca mais passarão em julgado nas letras nacionais, nem mesmo sob o pitoresco e penumbroso aspecto lendário.[69]

Tudo isso acaba por fomentar exibições de *O mistério do Brasil* em escala comercial por várias cidades do país, estimulando a polêmica. O primeiro lançamento, no Rio de Janeiro, marcado para 4 de fevereiro de 1929 no Cine Pathé-Palace, vem a ocorrer com modificação de título. A divulgação, eivada de inverdades e incongruências, explica o motivo: o agora denominado *O Brasil misterioso*, "como o seu nome bem indica, desvenda os mistérios empolgantes de nosso país", numa extensão que ultrapassa, portanto, as cenas da Gruta do Inferno. E continua:

Assistiremos deslumbrados o perpassar de belezas, realçadas por esplêndida fotografia. Muitos cientistas têm percorrido o continente sul-americano sem ter conseguido jamais desvendar o seu mistério, outros, porém, superando tremendos obstáculos, com a força de uma tenacidade admirável, conseguem vencer. O naturalista Alfredo dos Anjos e o arqueologista dr. Apolinário Frot, sugestionados pelo encanto desconhecido das selvas, em intermináveis excursões pelos sertões brasileiros, encontraram muitíssimos documentos sensacionais, que nos fazem conhecer um pouco do mistério do nosso grandioso Brasil. Impressionados, resolveram eles filmar as maravilhas vistas e, para isso, convidaram os técnicos cinematografistas Fausto Muniz e Luis Seel,[70] e, juntos, organizaram uma pequena expedição pelo centro do Brasil. Embrenhando-se, pois, pelas florestas, esquecidos do perigo, admiraram os raros espécimes da nossa fauna e da nossa flora. Encontraram estátuas gigantescas, tronos belíssimos, enfeitados por longas franjas de estalactites. Viram o belo Templo de Vênus, o Templo das Trevas, enormes cavernas etc. O mistério do Brasil está descrito em milhares de inscrições que remontam à mais alta antiguidade de muitos milhares de anos. É, pois, [por] esse conjunto de indescritível beleza, [...] que não [se] deve deixar de ver documento de tanto valor.[71]

45

Simões Coelho, como que sugestionado pela retórica de Alfredo dos Anjos, revê sua posição inicial:

> Pena é que tenham reservado esta semana para o exibir. Infelizmente, a cinematografia nacional ainda não mereceu dos senhores exibidores a atenção e carinho devidos. Nesta época do ano, raros vão ao cinema, a não ser os que não têm para onde ir ou fogem do Carnaval como o diabo da cruz. Salvo seja! O filme que o antigo Pathé apresenta em programa deveria ter outro acolhimento do grande público, quando não mais fosse por simples espírito de curiosidade, quando não por ânsia de saber. [...] Os srs. Anjos e Frot não deram o seu tempo por perdido – que nunca caem em saco roto as boas ações! Além do seu cunho de vulgarização científica [...], apresenta algumas paisagens belíssimas do interior do país, que entretêm os olhos e fazem bem ao espírito. Por todos estes motivos, os brasileiros amigos da sua terra "onde tudo se dá", não devem perder o ensejo de ir ao Pathé ver *O Brasil misterioso*, que, quanto a nós, ainda está por descobrir – embora digam o contrário os que jamais saíram do Rio de Janeiro...[72]

Pedro Lima (assinando P. L.) comenta sobre o atual *O Brasil misterioso*, mas prefere fazê-lo rememorando a primeira sessão especial no velho Cine Pathé, à qual esteve presente e sobre a qual, como Simões Coelho, não teve impressão positiva: "Parecia filme falado. Todas as cenas foram comentadas pelo chefe da expedição ao interior do Brasil. Como filme natural, não é melhor nem pior que os outros [...]. Tem de interessante a parte das Grutas, que por sinal está muito mal fotografada. Isto é, pior que as outras. Na parte em que apresenta a Bahia, está feito sem nenhum critério".[73]

Concorda com a apreciação final do resenhista um espectador de Salvador que, indignado, enumera as sequências que o deixaram magoado e surpreso: "Começa agora a [parte da] Bahia, a mártir eterna da má vontade, da perversidade e dos apoucados sentimentos de gratidão de certa gente adventícia que tão carinhosamente acolhemos". Segundo ele, *O Brasil misterioso*, a despeito do tratamento reservado a seu produtor, colhera imagens de tão somente "tudo quanto era sór-

VIAJANTE E PRODUTOR CINEMATOGRÁFICO

dido e pouco recomendável" para a divulgação do estado. Da capital baiana, o filme mostra apenas aspectos rápidos e sem graça e, mesmo descontando "os quadros de lindos efeitos da Victoria, Graça, Barra--Avenida, Barra, o da Aclamação, o Passeio Público, nada disso valeu a pena para a firma cinematográfica". Do interior do estado, "a maior vítima foi a Feira de Sant'Anna, de que só foi, demoradamente fixado, um recanto da feira semanal, com mulheres de indumentária precária cozinhando em fogareiros improvisados. O resto, uma lástima".

É compreensível o motivo da ira do ardente defensor de sua terra, pois nada mais teria a dizer "se a fita [também] retratasse as ruas da América, Prainha, Favela, Clapp, o beco do Cotovelo, enfim do 'bas--fond' carioca. Não retrata, porém, e a nossa indignação é justa".[74]

Na cidade de Belo Horizonte, a película entra em cartaz em novembro de 1929, ora com o título atual, ora reassumindo o anterior, em lançamento oficial que conta com a presença da mais alta autoridade do estado de Minas Gerais com sua comitiva. O anúncio de divulgação o descreve em cinco partes:

> Faz desfilar na tela os seguintes panoramas de surpreendente beleza e rara originalidade: primeira parte – Rio de Janeiro, Petrópolis, Teresópolis, Juiz de Fora, Belo Horizonte, Pirapora e Rio São Francisco; segunda parte – Rio São Francisco desde Pirapora e São Romão, cidade de São Francisco, Januária, Itacarambi, Pindaíba, Rio Peruaçu e Corredor do Diabo; terceira parte – Caverna de Tupã, M. Boi, Vênus, Marte, Netuno, pescaria a chucho e fronteira goiana; quarta parte – inscrições lapidares, volta ao rio São Francisco, descendo até Joazeiro, Bonfim, Sant'Ana e S. Salvador; quinta parte – desde Bahia por Ilhéus, Cachoeira de Itapemirim, Muqui e Mimoso até Niterói e Rio de Janeiro.[75]

Em algum momento do mesmo ano, 1929, em Cuiabá, Mato Grosso, a película também tem projeção referendada pelo governo estadual; no entanto, o que seria *O Brasil misterioso* ou *O mistério do Brasil* é apresentado como *Viagem encantadora pelo Brasil*.[76]

ALFREDO DOS ANJOS: VIAJANTE E CINEASTA LUSO-BRASILEIRO

Seja com o título que for, sobre cujas sucessivas transformações não se pode atinar, é inquestionável o sucesso do empreendimento de Alfredo dos Anjos, pois, conforme noticia a imprensa, depois desse "excelente, instrutivo e patriótico filme relativo às inscrições misteriosas que se encontram em vários pontos dos sertões da Bahia e de Minas Gerais",[77] ele arruma um sócio, Carlos M. da Silva, e viabiliza para 1930 a ampliação da metragem e do conteúdo da produção, dando-lhe o nome da exibição mato-grossense.

Viagem encantadora pelo Brasil, a nova (ou velha) película que surge do alongamento de *O Brasil misterioso,* sob todos os aspectos, pretende-se mais ambiciosa que o filme que lhe deu origem: *"se veem, com critério e bom gosto, reproduzidas cenas de todos os estados, desde o norte ao sul do país".*[78]

Outra nota de divulgação complementa a anterior e retoma preceitos que balizam, antes e depois, a concepção comercial de Alfredo dos Anjos para o meio cinematográfico:

[Começa com] a cidade do Rio de Janeiro em seus lindos aspectos panorâmicos, avenidas, parques, palácios, festas cívicas e religiosas, esportes, educação e instrução, carnaval, forças militares de terra e mar e outras cenas da vida intensa e progressos da capital. Saindo da belíssima capital, mostra-nos, de avião, a baía de Guanabara e Niterói, seguindo através dos Estados do Rio de Janeiro, Espírito Santo, Minas, pelo rio São Francisco e Grutas do Inferno, Bahia, Sergipe, Alagoas, pelas cataratas de Paulo Afonso, Pernambuco, Paraíba, Rio Grande do Norte, Ceará, Piauí, pelo rio Parnaíba, Maranhão, Pará, Amazonas, Mato Grosso, Goiás, pelo rio Araguaia e pela Cachoeira Dourada, São Paulo, Paraná, Santa Catarina e Rio Grande do Sul, indo até as maravilhosas cataratas de Iguaçu e Guaíra, voltando ao Rio de Janeiro e entrando, de avião, nesta capital. É este o filme mais completo do Brasil que todos devem conhecer para fazer uma ideia do grande valor da Pátria, merecendo os seus autores todo o apoio e proteção dos governos da União e dos Estados que nele têm a melhor de todas as propagandas para o país no próprio país, e no estrangeiro, atrain-

VIAJANTE E PRODUTOR CINEMATOGRÁFICO

do ao Brasil emigrantes, turistas e capitais que contribuirão fortemente para o nosso maior e fecundo progresso.[79]

Já é de nosso conhecimento, quando da exibição transversa de documentários sobre o Brasil e sobre Portugal, o efeito propagandístico resultante da montagem criativa efetuada por Alfredo dos Anjos com produções de terceiros. Pois cabe então a pergunta: as imagens que estendem o conteúdo, ampliam a metragem e derivam para uma nova produção, segundo novos propósitos, não teriam saído de situação similar?

O articulista da *Cinearte* (provavelmente Pedro Lima) – depois de uma projeção promocional divulgada para o dia 7 de fevereiro de 1930, às 10 horas da manhã, no salão do mesmo Pathé – é quem denuncia no novo conjunto o aproveitamento de imagens de outros produtores e cinegrafistas. E, ainda, desautoriza a dupla de produtores, questionando o meio de produção adotado:

> A não ser a parte referente às grutas, que, aliás, já foi mostrada há tempos no mesmo cinema, também em sessão especial, tudo o mais são arranjos de filmes já vistos e revistos. Basta dizer que o filme começa com um apanhado infeliz do Rio de Janeiro, aparecendo ainda o Morro do Castelo. Depois vem o Pathé Palace ainda em construção. Vista do Museu, na Quinta da Boa Vista, sem a estátua de Pedro II. A ressaca já tão aproveitada em tantos filmes. Parada de 15 de novembro de um ano retrasado. A posse de Washington Luís. O Carnaval todinho. Vista do Rio na chegada dos aviadores portugueses. E quanta cousa velha que já foi mostrada nestes detestáveis filmes naturais pagos pelo governo. Do filme todo, talvez só se salve, unicamente, a boa vontade dos seus organizadores. De fato, eles nos parecem bem-intencionados [...]. Acreditamos na boa fé de Alfredo dos Anjos e Carlos Silva, mas, antes de se meterem em negócios de filmes, precisariam conhecer o meio, os nossos elementos e as nossas possibilidades. [...] Agradecemos o convite e fazemos votos que o dinheiro desperdiçado com este filme, assim natural, seja para o futuro melhor aproveitado.[80]

Viagem encantadora pelo Brasil, mantendo este título, não logra passar da sessão especial no Rio de Janeiro. Quando finalmente encontra espaço para o lançamento comercial, acaba por vir com pequena modificação e, finalmente, derradeira denominação: *O Brasil maravilhoso.* O "novo" circuito turístico que o "novo" filme promete tem início também pela Capital Federal e estado do Rio de Janeiro; passa por Minas Gerais, Espírito Santo e Bahia; cobre sem exceção todos os estados do Nordeste até chegar a Belém, Ilha de Marajó e Manaus, de onde desce em direção a Mato Grosso, Goiás, São Paulo e estados do Sul; e, para marcar a diferença entre o outro e o de agora, altera-se a sequência de término. A viagem não mais se encerra no Rio de Janeiro, mas "nas cachoeiras de Foz do Iguaçu, cuja música arrebatadora [...] anuncia, em hino formidável, a ORDEM E PROGRESSO do maior país da América" – conforme se lê no descritivo anexo à carta ao presidente Vargas e como ainda se vê nas imagens finais do que restou do filme.

Se não cabe perguntar novamente sobre o motivo da mudança de nome, fica a quase certeza de onde teria surgido a ideia. Entre os materiais comprados por Alfredo dos Anjos, figurava um curta-metragem de 350 metros, que levava o título de *O Brasil maravilhoso (reportagens na selva amazônica).* Produção da fábrica Botelho & Netto, deve ter sido adquirido com a exigência de exclusividade, pois dele não se conhece exibição em lugar nenhum.[81]

3
RECONSTITUIÇÃO DE *O BRASIL MARAVILHOSO* (ESBOÇO)

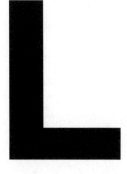Latas de nitrato em decomposição guardadas anos a fio em condições inadequadas, descartes de trechos deteriorados e reunião adversa do que restava a cada poda, todos esses fatores comprometeram a ordem original dos materiais e dos planos pertencentes a cada um, se é que havia uma ordem quando da chegada do espólio de Alfredo dos Anjos à Cinemateca do Museu de Arte Moderna do Rio de Janeiro.

De todos os materiais relacionados a *O Brasil maravilhoso*, que chegaram anos depois à Cinemateca Brasileira,[82] apenas alguns fragmentos pertencem realmente ao filme. A cópia 16 mm (SP01503X), cuja matriz de nitrato não sobreviveu, é bastante confusa, mas a mais integral. Acoplados a ela, 22 sugestivos planos de procissões e festas portuguesas parecem remeter ao documentário *Festas de Vila Real*.

O negativo de imagem em nitrato NN00339X, que originou o máster SP02161X, possui trechos posteriormente filmados, como o evento ocorrido entre agosto e setembro de 1934, no qual membros da Associação Cinematográfica dos Produtores Brasileiros, entre eles Carmen Santos e Adhemar Gonzaga, agradecem publicamente ao interventor federal dr. Pedro Ernesto pelo Decreto nº 5.034 de incentivo à produção de filmes brasileiros. No mesmo rolo, há imagens da fachada do Cine Eldorado, anunciando *O Brasil maravilhoso*, e de uma oficina que se supõe marmoraria, provavelmente pertencente ao filme *Mármores portugueses*. Ainda nesse mesmo material, como se fosse um rolo à parte, e também em outro fragmento (contratipo de imagem – 20063-04) há cenas com índios da Amazônia que devem ser isoladas sob o nome de *O Brasil maravilhoso – reportagens na selva amazônica*, o curta-metragem da empresa Botelho.

Em outra película, sob o título (possivelmente equivocado) de *Nas selvas da Amazônia (O Brasil maravilhoso)*, não são identificadas imagens da Floresta Amazônica, mas vistas de uma cidade, cenas de um porto, uma multidão, um parque de diversões e um desfile carnavalesco, além de *icebergs*, focas e pinguins – estas últimas levam a supor que se trata de uma pequena fração do documentário *Viagem à Argentina*. Sobre essa obra, à semelhança dos demais títulos citados, outras informações virão a seu tempo.

O negativo de imagem em nitrato NN00348X (título atribuído: *Jornal Carioca*) possui um histórico de entrada no acervo pouco documentado. Não é possível afirmar categoricamente tratar-se de um rolo do filme de Alfredo dos Anjos, mas há elementos suficientes para demonstrar que algumas de suas sequências foram utilizadas na composição final de *O Brasil maravilhoso*.

RECONSTITUIÇÃO DE O *BRASIL MARAVILHOSO* (ESBOÇO)

Para este esboço de reconstituição obedeceu-se, então, aos inter-títulos anexados por Alfredo dos Anjos a sua correspondência para Getúlio Vargas (apresentados nas cartelas entre colchetes com a grafia original). Outras fontes documentais complementaram eventuais lacunas de informações.

As descrições e decupagens feitas na década de 1980, por Jean-Claude Bernardet, Olga Futemma e José Inácio de Melo Souza, foram igualmente fundamentais para este trabalho, pautando a seleção lógica de imagens nos materiais anteriormente contextualizados. Os *frames* reproduzidos conservam as respectivas características de suas matrizes, evidenciando a trajetória própria de cada rolo, sua resistência à ação do tempo e, por fim, os desafios a serem enfrentados em uma futura restauração fílmica do emblemático *O Brasil maravilhoso*.

O BRASIL MARAVILHOSO

BRASIL MARAVILHOSO

[Realisação de Alfredo dos Anjos]

VISADO PELA INSPECÇÃO GERAL DOS ESPECTÁCULOS

C.-523

[O Brasil ocupa quasi a metade do território da America do Sul]

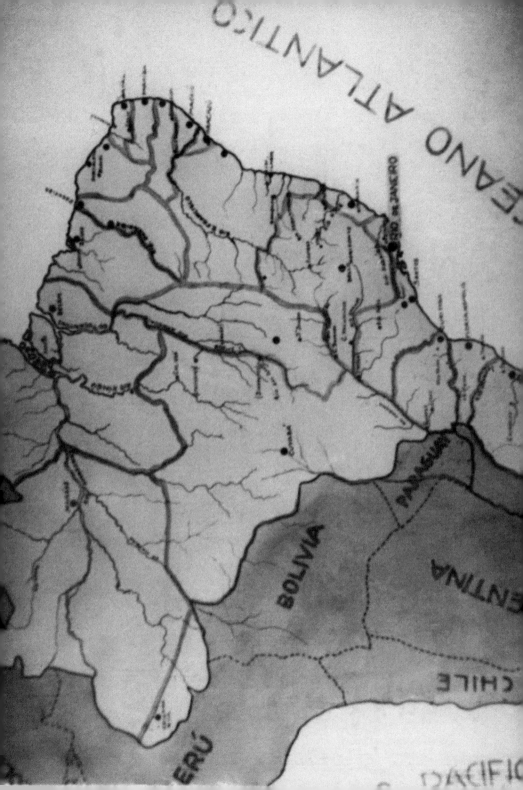

[A população eleva-se a mais de 40.000.000
na extensão de 8.294.299 kilometros quadrados]

Quasi toda a Europa cabe no Brasil.

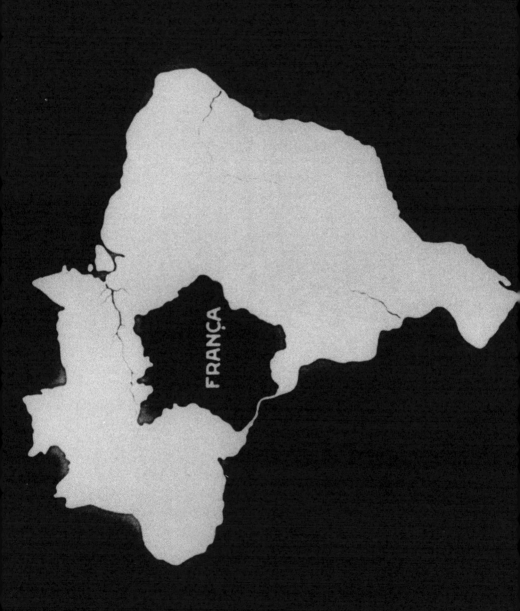

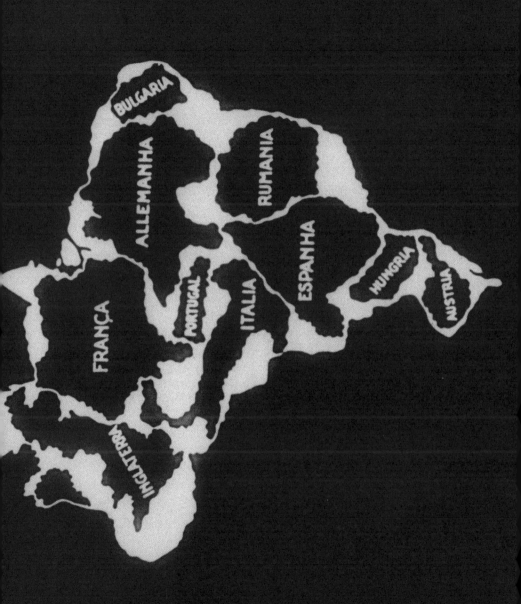

O Brasil encontra-se, quasi totalmente, localisado ao sul do equador.

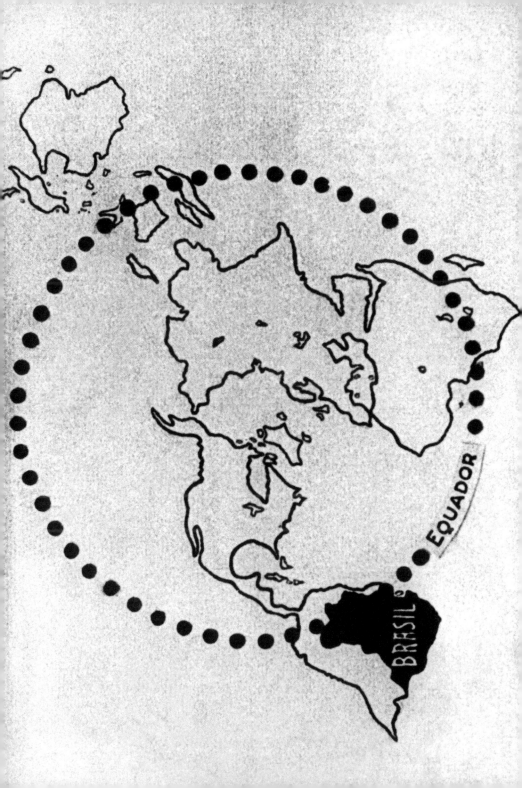

Pela variedade dos seus climas, o Brasil offerece "habitat" que convem aos povos de todas as nações.

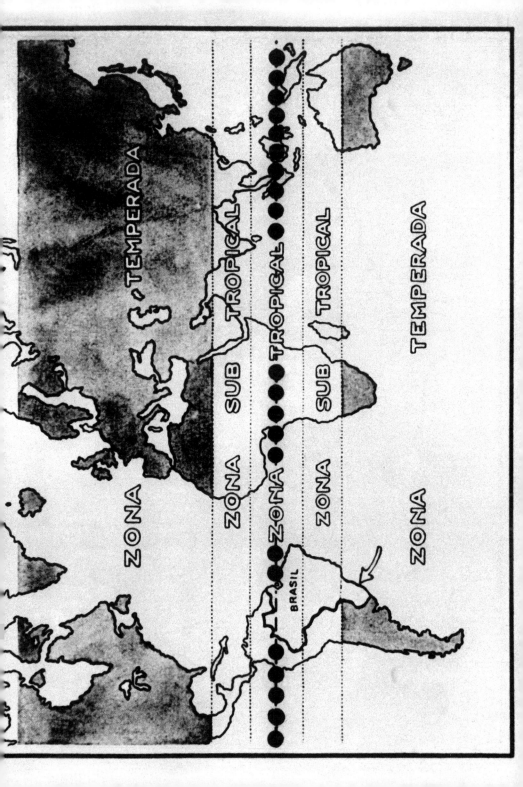

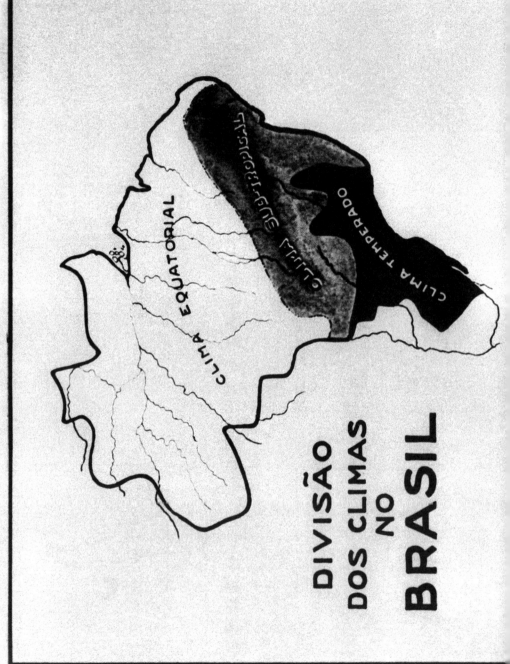

[A exportação anual é no valor de 105 milhões
de libras e a importação é de 84 milhões de libras]

[O esforço permanente do povo do Brasil
realisa o progresso desta grande nação sul-americana,
que vamos conhecer através deste film, numa
excursão de mais de 25.000 kilometros]

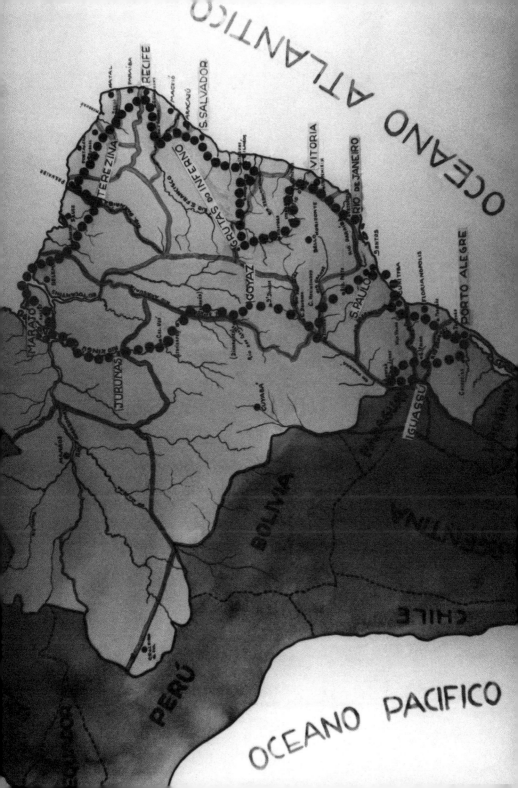

Ao entrar na bahia de Guanabara, tem-se imediata-
mente a impressão nitida
da sua beleza.

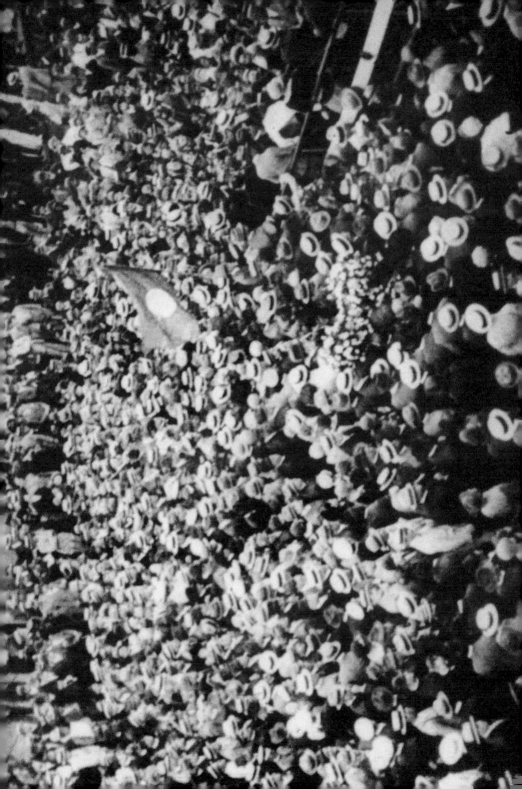

A cidade do Rio de Janeiro excede 2.000.000 de habi-tantes.

[Do caes do porto parte a Avenida Rio Branco]

[Edificio d'A Noite]

[Praça Floriano]

o

[Conselho Municipal]

[Escola de Belas Artes]

[Supremo Tribunal Federal]

[Senado Federal]

[Palácio Legislativo]

[Teatro Municipal]

[Jardim da Glória]

[Palácio do Catete]

[Subimos à Urca e ao Pão de Assucar
para admirarmos lindos panoramas]

[Copacabana, a mais linda praia de banhos]

[Resáca na Guaranabara]

[Excursão ao Corcovado,
ponto culminante da cidade]

[Hipódromo do Rio de Janeiro,
em dia de Grande Prêmio]

[Jardim Botânico, um dos
mais completos do mundo]

[Victoria Régia, a rainha dos lagos,
cujas folhas medem quasi um metro]

[O Stadium do Club Vasco da Gama
é o maior campo de sports da America do Sul,
onde brilha o jogo de Foot-ball]

[Aspectos de foot-ball no Stadium
do Club Fluminense, tradicional campo
de sportes da elite carioca]

[O Zepelin evoluciona sobre a cidade]

[A cidade vista do alto]

[Coroação de Nossa Senhora do Brasil]

[O Cardeal D. Sebastião Leme fala
ao povo com entusiasmo]

[Missa campal no Largo de São Francisco]

[Tomaram parte no desfile da procissão
todas as associações religiosas e grande
multidão de todas as classes sociaes]

[As cerimonias terminaram na Esplanada
do Castélo com mais de 100.000 assistentes]

[Aspectos do carnaval, a mais entusiastica festa carioca]

[Á meia noite passam delirantes pela
Avenida Rio Branco os carros alegoricos
dos grandes clubs carnavalescos]

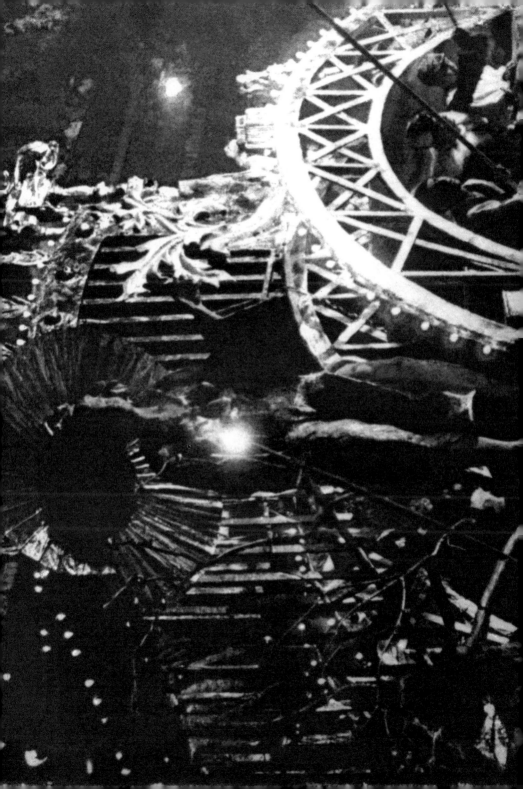

[Vejamos as forças de terra e mar,
desfilando em dia de festa nacional...]

[... e a Esquadra Brasileira navegando no alto mar]

[Não é possivel, num film em que se
quer mostrar o Brasil, demorar mais
em sua formosa capital]

[Partimos por entre um bélo
e extenso renque de palmeiras]

[Igreja de N. S. da Penha, à margem
da estrada que nos conduz]

[Subimos a Serra do Mar]

[Uma estação veranil]

[Petropolis, encantadora cidade
serrana, a 850 metros de altitude]

[Alí é sempre Primavera]

[Ténis Club]

[Fabrica de Tecidos]

[Existem actualmente no Brasil 327 fabricas
de algodão, com um total de 75.631 teares,
consumindo por ano 100.000 toneladas
de algodão nacional, o que coloca este ramo
da Indústria Brasileira em 7º logar no Mundo]

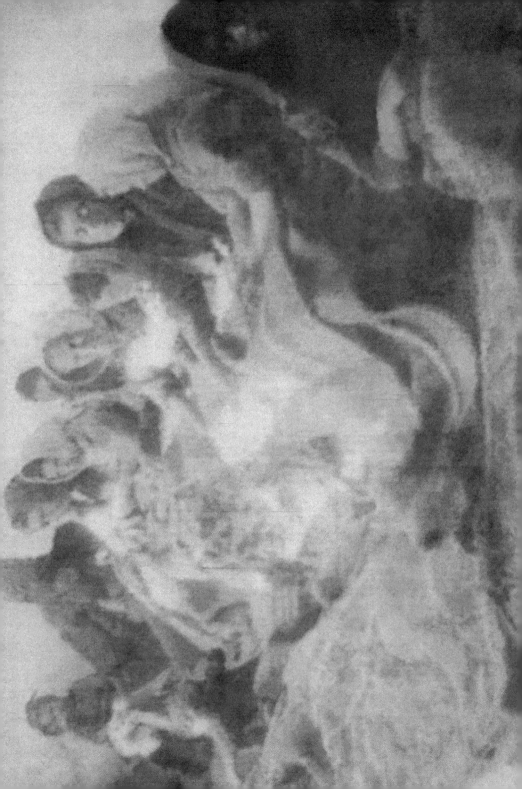

[Atravessamos a Serra dos Orgãos
a 1.500 metros de altitude, passando
pela Cascata de Imbuhy]

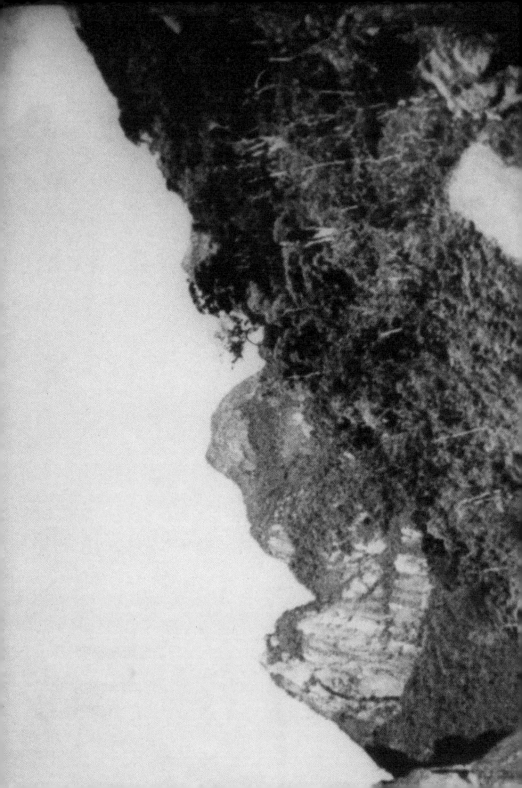

[Teresopolis, à sombra do monte
"DEDO DE DEUS"]

[Continuamos em territorio Fluminense]

[Juiz de Fóra, a cidade mais industrial de Minas Geraes]

[Existem alí 211 fabricas]

[As Cascatas de Mariano Procopio formam um retiro poético]

[Seguimos por entre Cafeseiros]

[Itapemirim, já em territorio
do Estado do Espirito Santo]

[A natureza domina alí a montanha
com uma Torre de Granito de 300 metros.
Continuamos em ferro-carril]

[Cachoeira de Matilde]

[Victoria, capital do Estado do Espírito Santo]

[Vamos ao Estado de Minas Geraes]

[Atravessámos o Rio Doce em balsa]

[Os recursos florestaes do Brasil ocupam dois terços do seu territorio]

[Aspectos da extração de Madeiras]

[Jangada de Toros com rumo á serração]

[As celebres minas de FERRO de Itabíra
teem capacidade para abastecer
o Mundo por mais de 12.000 anos]

[Passamos por BÉLO HORIZONTE,
capital do Estado de Minas Geraes]

[Por um capricho da natureza,
um Coqueiro germinou de uma Gameleira]

[Seguimos para Pirapóra, nas margens
do rio São Francisco]

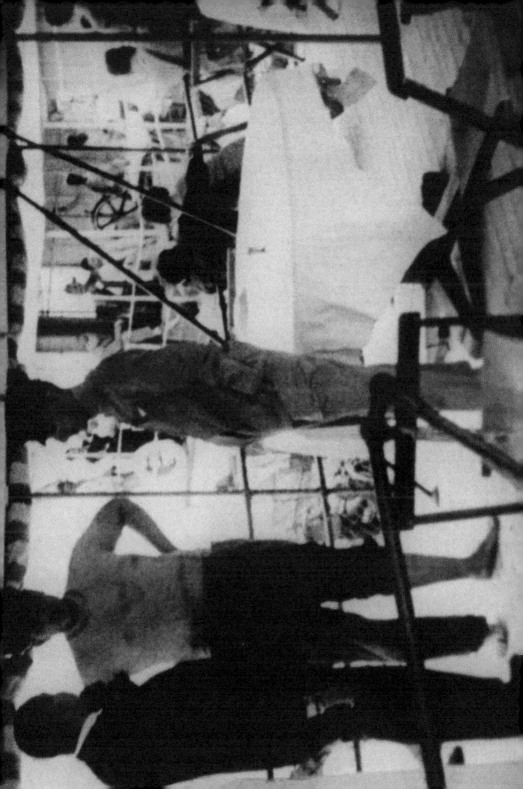

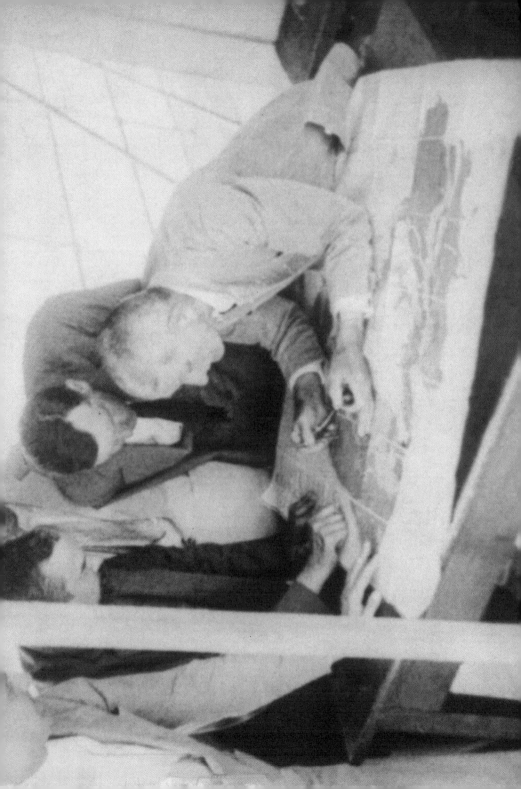

[Continuamos a viagem em "gaiola"]

[Abandonando a margem esquerda do grande rio,
a nossa caravana interna-se nas florestas]

[Uma fabrica de assucar pelo sistema colonial]

[Acampamos em pleno sertão]

[O rio Peruassu é muito piscoso e rico em caças][84]

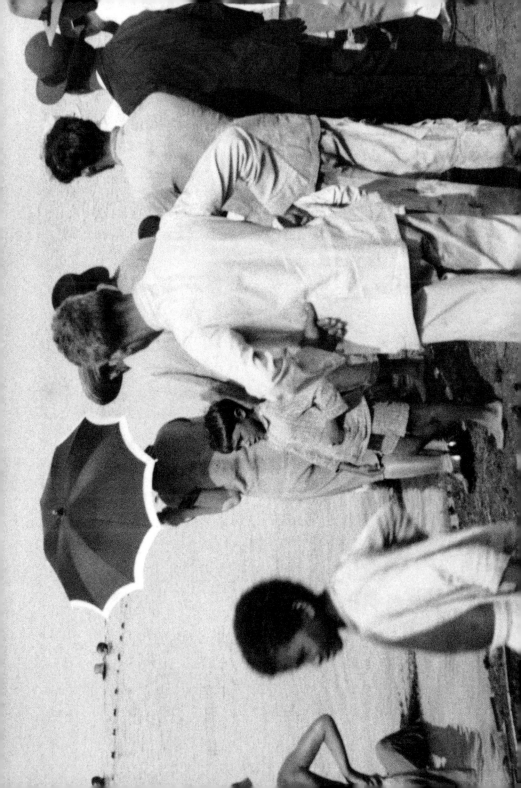

[A anta ou tapir guarda seu filho]

[O Caititú ou javalí]

[Veados]

[A Ema é o avestruz brasileiro]

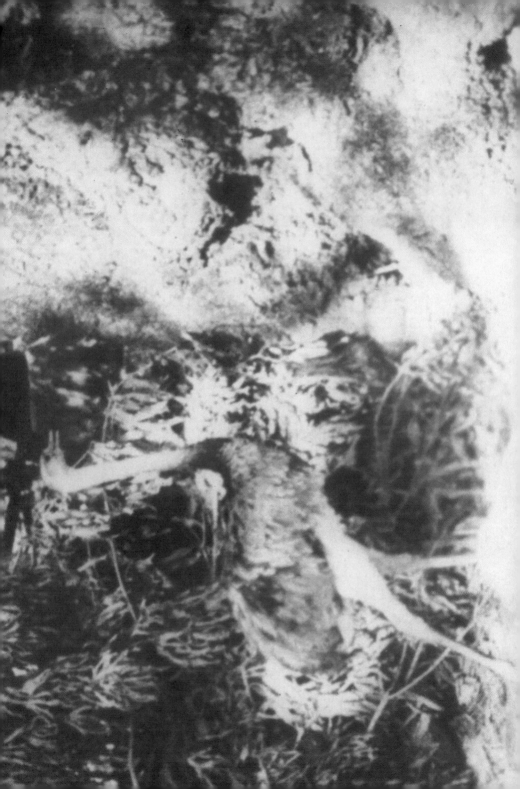

[Entre vegetação luxuriante, levantam-se gigantescas serras de Marmore, de mais de 50 leguas de extensão, com 32 magnificas cavernas, onde se encontram vestigios de remotas civilisações]

[No meio da floresta ainda se conserva
em pé o Campanario de um templo pre-istorico]

[Chegamos à porta monumental de um grande
templo, cavado na rocha, com mais de 100 metros
de altura e 500 de extensão]

[Ali se encontram muitas INSCRIÇÕES nitidas, pintadas nas rochas pelos povos primitivos do Continente]

Povos que aqui viveram ha milhares de annos deixaram eternizada no marmore a sua historia nestas inscripções que a sciencia vae aos poucos decifrando.

[As muitas inscrições lapidares dos sertões brasileiros
estão sendo traduzidas pelo cientista francês
Dr. Apolinário Frot, que as estuda á mais de 40 anos]

[Este cientista provará a existencia da Atlantida,
de onde se irradiaram grandes civilisações]

[Atravessamos a serra por outra magnifica caverna]

[Ornatos de alabastro e ônix]

[A Barriguda produz a sêda vegetal]

[Gigantes de construção ciclopica
encimam serras de altura desmedida]

[Cachoeira do Recreio]

[Descemos o rio Formoso,
no rico Estado de Bahia]

[Seguimos para o rio Jequitinhonha,
na zona cacoeira]

[A cultura do Cacáo é a mais importante do Estado, produzindo mais de 80.000 toneladas para exportação]

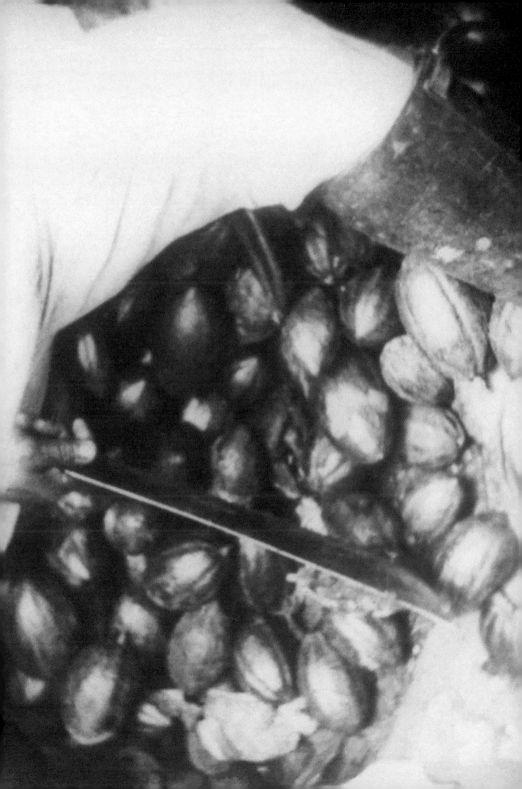

[SÃO SALVADOR, capital do Estado da Bahia, com 400.000 habitantes]

"Primeiro um aspecto rápido do porto, o panorama do bairro comercial, vista da praça de Palácio, um fragmento da estátua de Rio Branco, uma visão apagada do parque 2 de Julho, três detalhes do movimento, as fachadas das igrejas da Conceição da Praia, S. Francisco, S. Pedro e S. Domingos [...] Barra, um aspecto [...] do forte de Santa Maria [...] Rio Vermelho e Amaralina, dos quais apenas os rolos do mar quebrando-se nos arrecifes [...] a parte central [...] o Palácio da Municipalidade, o da Biblioteca Pública e uma impressão... do Maciel de Baixo, Portas do Carmo e Pelourinho"[85]

"Bahia foi berço de Ruy Barbosa, o maior orador do Brasil"[86]

[A produção do Tabáco eleva-se
a 110.000 toneladas]

[Atravessamos o Estado de Sergipe,
passando por ARACAJU, sua capital]

[As cachoeiras de Paulo Afonso,
com 80 metros de altura e força
de três milhões de h.p., ficam
no rio São Francisco, entre
os Estados de Bahia e Alagoas]

[MACEIÓ, capital
do Estado de Alagoas]

[A principal cultura dos Estados
de Alagôas e Pernambuco é o assucar]

[Colheita e transporte da cana para
as usinas que lhe extraem o assucar e o álcool]

[A produção actual do Brasil
é de 990.000 toneladas]

[RECIFE, capital do Estado de Pernambuco,
tem 430.000 habitantes]

[Os grandes Algodoaes encontram-se
no Nordeste Brasileiro]

[A produção de Algodão eleva-se
a mais de 115.000 toneladas]

[JOÃO PESSOA, capital
do Estado de Parahyba]

[NATAL, capital do Estado
do Rio Grande do Norte]

[São notaveis as salinas
de Macáu e Mossoró]

[O Estado do Ceará é rico
em CARNAUBA, de cujas folhas
se extrae magnifica Cêra vegetal]

[Um velho cearense com 112 anos]

[A produção de Carnaúba é
de 6.735 toneladas, podendo
ser muito maior]

[A carnaúba é empregada
na fabricação de discos de gramofone]

[Visitamos FORTALEZA,
capital do Estado do Ceará]

[Entramos no Estado de Piahuy
por Parnahyba, subindo
o rio do mesmo nome]

[Passamos por TEREZINA,
capital do Estado]

[Atravessamos o Estado do
Maranhão, por entre palmeiras
de BABASSU, cujos cocos produzem
favas riquissimas em óleo]

[SÃO LUIZ, capital do Estado]

[Seguimos para BELEM,
capital do Estado do Pará]

[Na Ilha de Marajó é notavel
a creação de gado]

[O maior inimigo
da creação é o Jacaré]

[Entramos no Amazonas, o rio mar]

[Da flora amazonica destacam-se
os seus interminaveis palmeiraes]

[A principal riqueza
do Amazonas é a Borracha]

[MANÁOS, é a bela capital
do Estado do Amazonas]

[Subimos o Rio Madeira]

[Atravessando Mato Grosso, passamos
por CUYABÁ, capital do Estado]

[Exploração de diamantes
no Rio das Garças]

[Nos garimpos de Mato Grosso trabalham
mais de 25.000 pessoas, extraindo diamantes
no valor aproximado a 200.000 contos anuaes]

[Chegamos ao rio Araguaya,
rico em pérolas]

[As tartarugas proliferam por ali]

[A pecuaria é notavel em todo o Brasil]

[Vamos a GOYAZ, capital do Estado
de Goyaz, a terra do ouro]

[A caça é a diversão predilecta
do sertão brasileiro]

[Um belo specimen de Jaguar, o rei das florestas brasileiras]

[Porem, dos animaes da floresta,
o mais temivel é a serpente]

[A Sucury chega a ultrapassar 10 metros
de comprimento, alimentando-se de caça viva]

[Nos Estados Centraes existe
um importante comercio de peles]

[Na Serra Dourada existe uma floresta
de rochas, salientando-se a "pedra da Balança"]

[Merece conhecer-se a papeleira]

[No rio Paranahyba, visitamos a maravilhosa
Cachoeira Dourada, uma das mais belas cataratas
do Brasil, situada no limite dos Estados
de Goyaz e Minas]

[É digna de nota a grande Ponte
Metalica sobre o rio Paraná]

[Cachoeira do Marimbondo, no rio Grande,
entre os Estados de Minas e São Paulo]

[Na balança economica da Republica,
o Estado de São Paulo representa a força maxima
dos valores, pela importancia de sua agricultura,
comercio e industria em franca actividade]

[As suas fazendas são modelares]

[O "CAFÉ" constitue um dos
acontecimentos mais notaveis na historia
economica mundial, dispondo o Brasil
de 75% da produção total do Globo
com mais de 1.400.000 toneladas]

[As plantações de café sobem
a mais de 2.500 milhões de pés]

[Aspectos da colheita do café]

[SÃO PAULO, capital do Estado
de São Paulo, com mais
de 1.000.000 de habitantes]

[Instituto antiofidico de Butantan]

[Do veneno extraido das serpentes
prepara-se o seu proprio contraveneno]

[A caminho de Santos, primeiro porto
do mundo em exportação de café]

[O embarque de café
faz-se automaticamente]

[Pela estrada de ferro mais audaciosa
do Brasil, seguimos para o interior
do Estado do Paraná, admirando
a catarata do "Véo da Noiva"]

[CURITYBA, capital do Estado]

[Vila Velha, curiosidade geológica]

[O Pinho do Paraná é uma das
madeiras mais abundantes do Brasil,
tendo grande exportação]

[O chá "MATE" é um dos
principaes produtos do Estado]

[O Brasil exporta anualmente 210.000
toneladas de chá Mate. O Mate é um arbusto
abundante nos Estados de Mato Grosso, Paraná,
Santa Catarina e Rio Grande do Sul]

[Vamos a FLORIANOPOLIS, capital
do Estado de Santa Catharina]

[A principal riqueza deste
Estado é o Carvão de Pedra]

[Estado do Rio Grande do Sul salienta-se na Criação de Gados]

[PORTO ALEGRE, capital do Estado,
banhada pelo rio Guahyba]

[Exposição de gado, onde
se admiram lindos exemplares]

[O Rio Grande do Sul tem coxilhas
de grande fertilidade]

[Este Estado produz todos os cereaes]

[O Arroz é a sua principal produção]

[A cultura de Trigo é já notável]

[A Batata é abundantissima
e de otima qualidade]

[A produção de uvas
e VINHO é extraordinária]

[A Ilha dos Marinheiros produz
Cebolas para todo o Brasil]

[Também o Carvão de Pedra
se extrai em grande quantidade]

[São notaveis as Xarqueadas, onde
se prepara a carne para exportação]

[Voltamos ao Rio Paraná para admirar
a maior força hidraulica do Mundo]

[Os Saltos de GUAYRA são os de maior
volume do Globo, variando a sua
altura entre 35 e 50 metros]

[Estas cataratas formam mais de 20 saltos,
com força de cerca de 10 milhões
de cavalos, numa extensão de 3.500 metros]

[As Cataratas do rio IGUASSU, na fronteira
da Republica Argentina, são de beleza incomparavel,
com força superior a 10 milhões de cavalos]

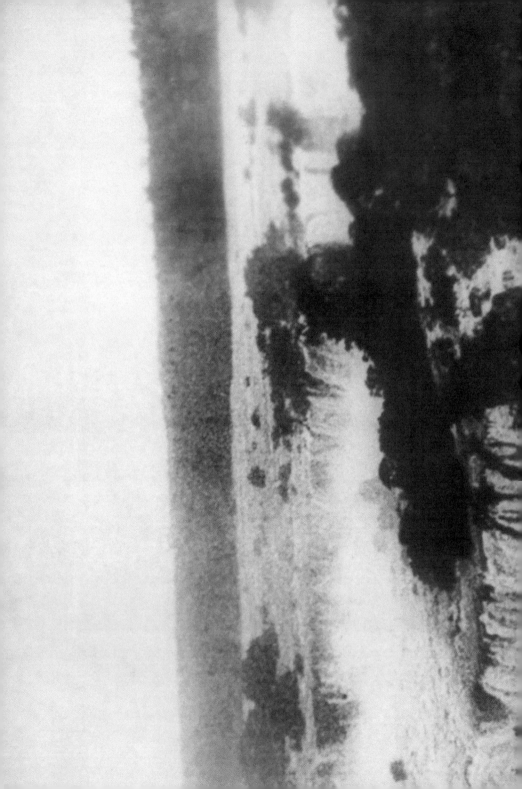

[As suas dimensões excedem
as de qualquer outra conhecida,
tendo 4.200 metros de largura
por 80 metros de altura]

[A musica arrebatadora das Cataratas
do IGUASSU anuncia, em hino formidavel,
a ORDEM E PROGRESSO
do maior paiz da América]

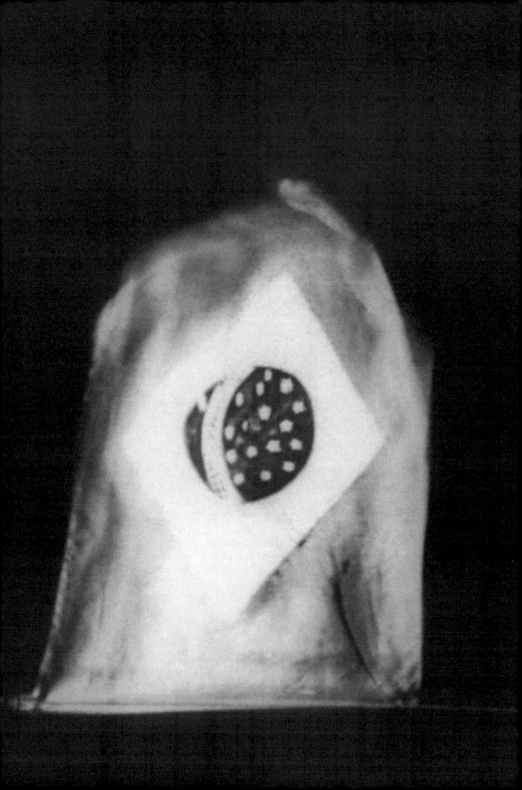

[F-I-M]

4
O BRASIL PARA OS BRASILEIROS

udo parece requentado em *O Brasil maravilhoso* quando ele é lançado comercialmente. Parte integrante da divulgação do que se pretende um novo filme, a entrevista ao jornal *Correio da Manhã* torna a apresentar Alfredo dos Anjos como naturalista português de passagem pelo Rio de Janeiro, "cujos sertões [do nosso país] tem percorrido em indagações arqueológicas e etnográficas, de grande alcance científico".

Mais uma vez, o tom jornalístico não esconde a notícia plantada e se repetem declarações semelhantes às do regresso da expedição geradora dos diversos Brasis anteriormente exibidos. Frases como "Companheiro do cientista francês dr. Apollinaire Frot, com quem viajou [...] em paciente busca de vestígios de passadas civilizações extintas" revelam a pretensão do organizador de conquistar o público, com os mistérios gravados em mármores eternos e com a demonstração de provas evidentes de civilizações antigas (em que mesmo as carrancas dos "gaiolas" do rio São Francisco viram reminiscências icônicas dos totens fenícios), e o objetivo de apresentar *O Brasil maravilhoso* na Europa e na América do Norte, "*para que melhor conheçam este formidável país*".[87] Também, como da vez anterior, a entrevista repercute bem e trechos são reproduzidos em diversos jornais do país.[88]

Como se fizera com *Portugal actual*, um anúncio de grande visibilidade conclama a comunidade lusitana a prestigiar o produto: "Portugueses! Procurai conhecer mais ainda a vossa segunda pátria!". Para maior impacto, transcreve-se uma carta manuscrita do prodigioso aviador português Gago Coutinho, que teria comparecido à sessão de apresentação no elegante Cine Eldorado do Rio de Janeiro: "Sobre *O Brasil maravilhoso*, filme que põe diante dos nossos olhos tanto o Brasil de hoje como [o] de há trinta séculos, tenho a dizer que me causou tanta admiração como se eu o estivesse agora visitando e descobrindo. 1930 – julho – 21".[89] O público tem acesso à película dois dias depois da apresentação especial a que se refere Gago Coutinho, em projeções que se estendem da quarta-feira, 23 de julho de 1930, até o domingo, fazendo uso estratégico de promoções: "Estudantes, alunos de qualquer escola, têm abatimento às entradas, medida essa tomada a fim de que as crianças que frequentam nossas escolas possam assistir a tal filme, dele trazendo uma visão inesquecível de todos os estados, de todas as cidades e lugares do Brasil".[90] Teria feito sucesso? Não se sabe, apesar de o epíteto Brasil maravilhoso começar a ser repetido em inúmeras ocasiões e pelos motivos mais diversos, conforme se lê com frequência nos jornais a partir de então.[91]

O BRASIL PARA OS BRASILEIROS

A memória atenta do articulista da *Cinearte* denuncia outra vez a enganação induzida pela mudança de título: "Passou em reprise apresentado como inédito [...] aquele velho lençol de recortes de filmes naturais de cavação, com os mesmos erros geográficos". Para exemplificar, cita as tomadas idênticas que já apontara em relação à *Viagem encantadora*. Em outra seção da mesma edição, volta-se ao filme: se a nova intitulação teve o propósito de atrair a plateia carioca, por que o despropósito de sua propaganda na entrada do cinema, onde as "ornamentações africanas pelas portas [impediriam] qualquer sujeito mais medroso de ousar comprar bilhete para entrar..."?[92]

A imprensa não especializada é menos rigorosa na sua apreciação. *Selecta* repete argumentos conhecidos:

> Não estamos aqui fazendo a propaganda do filme, porque nem mesmo sabemos quem seja o seu realizador [...]. Filmes desta natureza não são só agradáveis, porque são também, e principalmente, utilíssimos, pois demonstram ao povo carioca uma cousa que ele, infelizmente, em grande parte, ignora, e é que o Brasil se representa por alguma cousa mais, muitíssimo mais, que os passeios da avenida Rio Branco.[93]

Na mesma linha, *Fon Fon*, desavisada, comenta:

> Este filme [...], apesar de ter sido dirigido por um estrangeiro, por um inteligente e culto cidadão português, representa um dos melhores serviços prestados à Nação Brasileira, que precisa ser conhecida, em toda a sua magnificência, pelos próprios brasileiros [...]. Como obra técnica, dá-nos esta longa película um trabalho sofrível. Nem era fácil fazer melhor. Como direção, isto é, como escolha de tema, é simplesmente admirável [...]. É o mais útil dos filmes educativos que têm vindo ao Rio.[94]

Ao que se sabe, afora o Rio de Janeiro, somente em São Paulo *O Brasil maravilhoso* recebe outras exibições. O jornal *O Estado de S. Paulo* publica duas fotos do filme, sem cuidar de sua resenha, e um anúncio: "o maior filme nacional [que percorre] os Estados, todas as capitais brasileiras, cidades importantes e a vida das povoações longínquas [com o intuito de provar] aos brasileiros como é bela e grande a sua terra".[95] As exibições ocupam os dias 1 a 7 (Cine Alhambra), 8 a 11 (Cine Coliseu), 23 e 24 (Cine Espéria) e 25 de setembro de 1930 (Cine Oberdan).

Se, na época, os poucos comentários oscilam entre a recusa aos tradicionais métodos da cavação e à aceitação quase caridosa em prol de um difuso nacionalismo, aos olhos de hoje não fica difícil afirmar que nada de incomum representa *O Brasil maravilhoso* em relação ao contexto cinematográfico em que foi concebido. No levantamento filmográfico do cinema silencioso brasileiro, desponta apenas como mais um entre vários, contabilizando-se diversas películas cujos temas versam exatamente sobre as mesmas maravilhas da terra que poderiam fazê-lo admirável.[96]

Como bem analisa Jean-Claude Bernardet, os elogios, os anúncios hiperbólicos e os qualificativos que se agregam a esse tipo de cinema só querem chamar a atenção para a única coisa que o grande ocupador do mercado, "o filme estrangeiro, não pode apresentar: o Brasil".[97] Pedro Lima, grande batalhador das causas do cinema brasileiro na década de 1920, adotara, inclusive, uma postura consciente e estratégica nesse sentido, apesar, ou pela causa, de jamais perdoar os resultados malsucedidos, como se viu em relação a *O Brasil maravilhoso*:

> É um fato que não temos, nem teremos tão cedo, filmes nacionais capazes de alcançar, com sucesso, os mercados estrangeiros. É ainda certo que o mercado nacional [...] não pode garantir, ainda na melhor das hipóteses, o custo d'um filme [...]. Há, porém, uma filmagem nacional [...] que seria [...] a melhor das propagandas do Brasil, na sua riqueza, no seu progresso social, nas suas belezas naturais. Referimo-nos ao cinema-jornal, ao cine-natural, ao cine que não implica nem despesas de artistas, nem despesas de cenário, mas que tem a seu favor, sempre disposto a servi-lo soberbamente, essa sublime artista que é a empolgante natureza brasileira.[98]

O Brasil maravilhoso não escapa a esse enquadramento padronizado, e a ação de Alfredo dos Anjos parece corroborar o pensamento de

Pedro Lima. À semelhança das outras películas, também deseja valorizar a mata virgem, a flora e a fauna, as belezas naturais, as serras e as cachoeiras. Tem como favor estético o realizador ser um viajante atento e, ao mesmo tempo, empresário de tino. Ao pendor ufanista sobre o que existe em estado puro o filme acrescenta as potencialidades comerciais de riquezas a serem extraídas diretamente da natureza (sal, carnaúba, babaçu, diamantes, carvão de pedra, pinho) ou produzidas pelo esforço humano em detrimento da natureza intocada (o cultivo de cacau, café, uva, arroz, algodão, cana-de-açúcar; a criação de gado).

Entretanto, o enxergar um pouco além da empolgante natureza brasileira não ultrapassa a mentalidade predominante do modelo agrário-exportador – hegemônico e tradicional dentro do pensamento capitalista brasileiro. Como sugerem os intertítulos, é graças a esse modelo que a produção fica diversificada, por se dinamizarem os corredores de escoamento dos produtos (ferrovias, portos) e se expandirem os núcleos urbanos. Da industrialização – novidade a sacudir o ambiente periférico do capitalismo nacional –, apenas imagens de uma única fábrica, a de tecidos em Petrópolis, e as citações nos intertítulos a Juiz de Fora ("a cidade mais industrial de Minas Gerais") e São Paulo ("importância de sua agricultura, comércio e indústria em franca atividade").

O olhar sobre o conjunto desse Brasil repousa pacato sobre uma harmonia que é agradável a Alfredo dos Anjos:

> Gosto de visitar os lugares pitorescos onde a natureza é mais maravilhosa e [também] as obras artísticas e gigantescas do engenho humano, os sertões e as cidades. Nos sertões passo horas e dias admirando os vegetais e os animais que ali vivem, estudando a sua evolução, hábitos e costumes [...]. Nas cidades admiro a evolução dos povos com suas virtudes e vícios, sua audácia e cobardia, sua moral e seu egoísmo, sua ignorância e ciência, sua ambição e seu desânimo.[99]

É com tal finalidade que Alfredo procura ao máximo constituir cinematograficamente com *O Brasil maravilhoso* uma espécie de inventário geográfico, botânico, geológico, agrícola ou de construções urbanísticas e arquitetônicas – ou seja, nada que fugisse do trivial documentário panorâmico da época.

Só desce aos detalhes pela contingência da filmagem. No pouco que podemos assistir do que restou, o componente social aparece como fundo ou como margem do aparelhamento econômico. Nas únicas exceções, como nas tomadas dos cacaueiros e dos extratores de carnaúba, chega de uma maneira quase involuntária a flagrar a pobreza (por ser impossível dissociar o trabalhador do trabalho), mas, salvo engano, o coletor de cacau parece especialmente vestido para a gravação. Na visão de Alfredo dos Anjos, transplantada para o cinema, o homem é multidão nos centros urbanos, caçador na natureza, boiadeiro nos campos ou trabalhador extrativista – em todas essas situações um ser despersonalizado, incluindo ele próprio quando se deixa fotografar, anônimo, numa dessas ações. No único momento em que um personagem é nomeado, o dr. Frot, ressuma o explorador científico em situação similar à do realizador do filme: sábio, viajante ou aventureiro – seres dotados de alguma excepcionalidade.

Rigorosamente falando, se o tempo não se encarregasse de atribuir valores históricos a uma produção comum, pouco restaria da pretensão antropológica desse colecionador de imagens, prevalecendo somente a ambição empresarial que inúmeras vezes o anima. Afinal, é com espírito de empresário que defenderá sua permanência no ramo do cinema, habilitando-se a novas parcerias e oferecendo seus serviços para filmagem, organização e confecção de filmes naturais para a interventoria do estado do Acre,[100] quando o filão dos inúmeros maravilhosos ou misteriosos Brasis não faz mais sentido. Como tal solicitação não colhe deferimento, no final de 1931 Alfredo dos Anjos decide retornar a Portugal, com o intuito de repetir a experiência bem lograda de 1927. Nas suas palavras ao presidente Vargas, reforma *O Brasil maravilhoso* com todo o cuidado para um torneio internacional e leva para a Europa os respectivos negativos.

5
O BRASIL PARA OS PORTUGUESES

m Portugal, Alfredo dos Anjos chega portando "cartas circulares de recomendação do Departamento Nacional de Comércio", fornecidas por intercessão de Carlos Cavaco, oficial de gabinete do ministro do Trabalho, e do diplomata Joaquim Eulalio do Nascimento e Silva. De resultado, a primeira projeção pública no exterior de *O Brasil maravilhoso* ocorre em caráter oficial, "por intermédio do exmo. sr. dr. José Bonifácio, digmo. [sic] embaixador do Brasil em Lisboa", que convida para a estreia "as altas Autoridades Portuguesas e todos os diplomatas estrangeiros", no início de dezembro de 1931.[101]

A partir do dia 2, o filme entra no circuito exibidor da capital portuguesa; possui dez partes, 2.897 metros, e distribuição garantida pela Lisboa Films.[102] As projeções regulares ocupam a sala do Cine Politeama e recebem, como atualização técnica, o acompanhamento de "discos brasileiros musicados de acordo com as cenas" – seguindo, portanto, o processo Vitaphone de sonorização.[103] Como o tempo de exibição de um filme nos cinemas lisboetas não excedia a média de uma semana,[104] *O Brasil maravilhoso* não deve ter superado essa margem de permanência, suficiente apenas para torná-lo conhecido. Mas, segundo as informações de Alfredo ao presidente, constituíram as sessões "uma verdadeira apoteose a este querido Brasil que a todos causou a melhor das impressões".

Sabe-se lá por quê, o filme divide o programa com *Viagem à Argentina*, película de intenções similares à sua, registrada pela Censura portuguesa como de nacionalidade brasileira e distribuição da Sociedade Raul Lopes Freire.[105] O documentário companheiro, com mil metros, além de cenas de gelo na Terra do Fogo, registra Buenos Aires, as praias de Mar del Plata, as cidades de Córdoba e Mendoza, as riquezas do gado e das minas, e o lago Nahuel Huapi.

Outra projeção com o mesmo programa acontece ainda em dezembro de 1931, em local não citado, conforme assinala documento anexado à carta ao presidente. Em seguida, é a vez do Porto, em data próxima a 26 de janeiro de 1932, no Salão-Jardim da Trindade.[106] Jornal local veicula possível matéria paga: "*O Brasil maravilhoso* é uma película que deslumbra os nossos olhos e nos põe em contacto com a grandeza e vitalidade do país-irmão. Vê-lo é sentir toda a beleza e toda a grandiosidade do Brasil".[107]

Ao noticiar que "acaba de ser apresentado nos cinemas portugueses um grande documentário brasileiro, *O Brasil maravilhoso*", J. Alves da Cunha[108] parece também notificar o término das exibições pelo circuito das grandes cidades. Visando atingir outros recantos portugueses, a estratégia de comercialização se modifica. A Cosmos Filme Ltda., empresa cinematográfica fundada pelo próprio Alfredo no Rio de Janeiro, passa a colocar o filme à disposição dos pequenos exibidores das cidades do in-

O BRASIL PARA OS PORTUGUESES

terior, obviamente alardeando que fora exibido "com grande sucesso em Lisboa, Porto, Coimbra e Braga, onde em breve deve ser reprisado".[109]

O sistema é bastante similar ao do despachante comercial. Uma carta-padrão (impressa na cidade do Porto – eventual área de intermediação com os núcleos urbanos menores), assinada por Alfredo dos Anjos e um sócio, Manoel Suarez, funciona como uma espécie de contrato no qual, além da propaganda acima mencionada, se promete o envio aos pequenos exibidores de um conjunto de programas, à escolha do cliente: no estado mudo original ou com o acompanhamento sonoro (pois nem todas as salas possuíam o equipamento adequado à sonorização). A liberdade dada aos donos de cinema para pleitearem sua percentagem de lucros é prova da barganha intensa entre eles e os distribuidores autônomos.

É por esse caminho de exibição mambembe, de cidade em cidade, durante os dois anos seguintes, que as projeções se sucedem. Uma delas está bem documentada e ocorre no Teatro Avenida, de Vila Real, capital da então província de Trás-os-Montes e Alto Douro, ao norte do país, em um sábado, 25 de junho de 1932, conforme indica o cartazete de divulgação. A apresentação promete ser sonorizada e complementam o programa *Mármores portugueses*, "belo documentário português sobre Mafra, Cintra e exploração de mármores portugueses [e a] primeira e única exibição do filme das Festas de Vila Real", evento recentemente filmado (diz o anúncio) e que, "apesar de seu expressivo custo [...], será exibido sem aumento de preços".[110] Neste último documentário, episódios sobre a "Vila Real Pitoresca, os pauliteiros de Miranda do Douro, os Zés-Pereiras, gigantones e cabeçudos na feira de Santo Antonio, a recepção aos srs. ministros do Interior, Guerra e Comércio e a majestosa procissão do Bom Jesus do Calvário".

Apresentações mais miúdas de *O Brasil maravilhoso* correm pelo mesmo ano, segundo as palavras de Alfredo dos Anjos ao presidente, mas sem comprovação de locais e datas. De igual modo voltam várias vezes à tela em 1933 e, por fim, uma última projeção, esta com documentação nos papéis anexados por Alfredo, acontece em março de 1934 no Cine-Avenida, em Condeixa-a-Nova, distrito de Coimbra, na

Anúncio na Cinéfilo *(Lisboa, 5 dez. 1931)*

O BRASIL PARA OS PORTUGUESES

região central. Um cronista da localidade, em matéria de 17 de abril de 1934, não poupa elogios, mas o filme a que assiste parece ter sido recortado de *O Brasil maravilhoso* até então exibido:

> Os condeixenses, especialmente aqueles que já passaram pelo Rio de Janeiro e assistiram às festas de Momo, foram deliciosamente atraídos ao nosso Cine-Avenida, pelo filme que ali se exibiu em meados do mês findo [...]. A assistência, nessa noite memorável, excedeu a lotação e vibrou de entusiasmo com o carnaval carioca, sentindo-o palpitante nas suas canções, nas suas músicas, no borborinho, enfim, de toda essa multidão de alegres foliões a encher a Avenida Central. As festas nos stadiuns brasileiros, o football, a procissão de Nª. Sª. do Brasil etc. etc. completaram o programa que de princípio a final foi assistido com manifesta curiosidade e extraordinária satisfação. A tela do Cine-Avenida tem reproduzido as melhores produções cinematográficas nacionais e estrangeiras. Graças aos bons esforços do nosso amigo sr. Joaquim da Costa, proprietário e director daquela casa de diversões, não necessitam os nossos conterrâneos de sair de Condeixa para ver um bom cinema; e o aparelho sonoro, se não é uma maravilha, pode dizer-se afoitamente que é ótimo, não o tendo melhor muitas das nossas cidades.

Comentários como esse, dentro da manobra corriqueira de transcrever apenas os elogios e, quando não existem, inventá-los, são partes integrantes dos anúncios de divulgação preparados por Alfredo dos Anjos. Em todos, uma outra esperteza. Primeiramente, de maneira similar às exibições brasileiras de *O Brasil maravilhoso*, o produtor apresenta a si mesmo como naturalista português e não como português há anos morador no Brasil, e isso deve fazer lá sua diferença. Em alguns, insinua a ponte fraternal que liga os dois países, evocando a antiga colonização: "Toda a grandiosa e pitoresca majestade da Terra de Santa Cruz, de tradições irmãs da Terra Lusitana. O filme que o público português esperava. Hino de glória à natureza, à formosura e às coisas do Brasil, em cujo seio se misturam, se confundem e se identificam os representantes de dois povos da mesma raça".[111] Em outros,

deixa aflorar livremente o espírito colonizador: "nova expedição [...] para poder mostrar ao mundo as belezas e riquezas naturais e [...] o vertiginoso progresso [do Brasil]; onde reflete o gênio lusitano, refina o gênio brasileiro para maior [glória?] de Portugal".[112]
Outro anúncio beira o descomedimento:

> Este filme constitui, de algum modo, legítimo orgulho para nós. Porque ele mostra que, até no campo do cinema, o nome de Portugal se firma na Terra de Santa Cruz. [...] À parte a realização, *O Brasil maravilhoso* tem muito da nossa terra, vemos nele frequentemente tremular, sobre os edifícios fluminenses, a bandeira das quinas, vemos monumentos que se diriam lusitanos, vemos o maior stadium da América Meridional, que os portugueses construíram. Como documento das belezas naturais do país, a fita é completa. Revela-nos os encantos da natureza, as mil fontes de receita com que ela generosamente brindou a república sul-americana, povoando-lhe as florestas de madeiras preciosas, enchendo-lhe as montanhas de valiosos minérios, semeando-lhe os campos de lavouras de cacau, criando-lhe nos rios as ostras perolíferas, dourando-lhe nos sertões as folhas de tabaco, cultivando-lhe por todos os cantos a cana sacarina, o algodão, o café, enfim, mil riquezas que fizeram do Brasil uma das nações mais favorecidas pela Providência. [...] Em resumo: *O Brasil maravilhoso*, se é uma película que exalta a Terra de Vera Cruz, é uma obra que honra Portugal. Outro português: – Luis Pereira, Filho – ligou o seu nome ao filme com uma sonorização inteligente e interessante.[113]

O discurso difundido por esses anúncios é, no mínimo, ambíguo: as glórias brasileiras por ele exaltadas terminam por representar as próprias glórias portuguesas. Fica-se diante do colonizador que contempla a grandiosidade da antiga colônia – ratificando assim a magnitude não exatamente da terra retratada, mas de quem da Europa primeiro lhe tocou com os pés. Exibi-la em Portugal, à parte o retorno do viajante à terra natal portando na bagagem o produto descoberto em plagas brasileiras, desperta quase o aparato simbólico de uma segunda carta de Pero Vaz de Caminha aos portugueses.

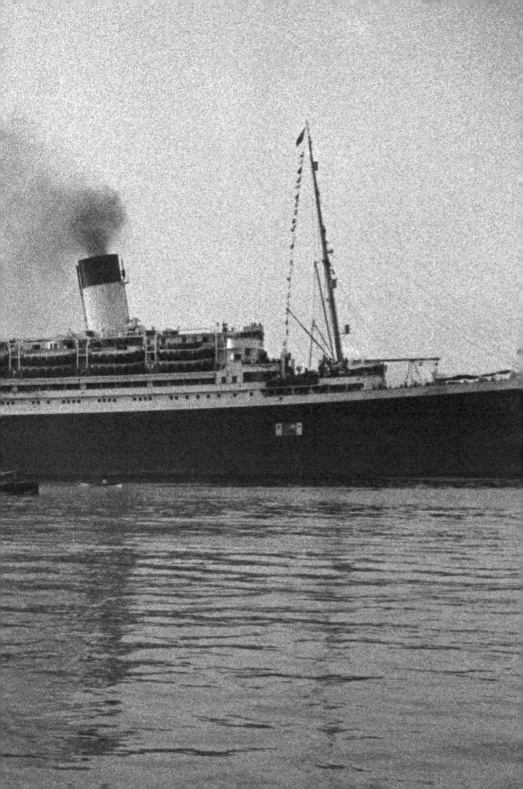

6
DE VOLTA AO BRASIL E A CARTA AO PRESIDENTE

Algum conterrâneo, quem sabe o sócio Manoel Suarez, continuou a tocar os negócios cinematográficos além-mar quando, em meados de 1933, retorna ao Brasil Alfredo dos Anjos, sem acompanhar as últimas exibições de *O Brasil maravilhoso* em Portugal. Ele já ultrapassa a marca dos 50 anos de idade e a primeira retomada de suas atividades cinematográficas no Rio de Janeiro é de mão trocada, fazendo constar em ata da Federação das Associações Portuguesas do Brasil que "para fins de propaganda de Portugal e seus domínios, pretende organizar um serviço de filmagens".[114]

Em outro esforço de retomada, o serviço de filmagens parece já ser profissão, agora à disposição de integrantes da alta sociedade brasileira: "O naturalista e arqueólogo Alfredo dos Anjos [filma] o embarque para a Europa, em viagem de repouso, [d]o dr. Augusto de Souza Batista, chefe da importante firma comercial desta praça, Souza Batista & Cia".[115]

Por essa época, depois da Revolução de 1930 que colocara no poder Getúlio Vargas, o meio cinematográfico nacional vinha recebendo um extraordinário reconhecimento; para o bem ou para o mal, o cinema brasileiro virava preocupação do Estado. A 4 de abril de 1932, o governo ainda provisório promulgou o Decreto-Lei nº 21.240 que não só centralizou no governo federal a censura, como determinou para ela a função de regular o mercado cinematográfico. Entre outras funções, coube à Comissão de Censura Cinematográfica considerar educativo um curta-metragem brasileiro para determinar a obrigatoriedade de sua exibição nos cinemas do território nacional.

Dessa forma, o governo abria um cantinho do mercado para os filmes brasileiros e, à parte o critério controlador da iniciativa, incentivava a capitalização para uma futura indústria de cinema. A lei, apesar de vigorar efetivamente a partir de 1934, provoca antes disso uma avalanche de novas produtoras e de novas produções de curta duração – a serem chamadas de complementos nacionais.

É em 1934, por sinal, na data exata de 2 de janeiro, que Alfredo dos Anjos firma contrato de sociedade de sua empresa Cosmos Filme com as senhoras Amélia Borges Rodrigues e Celeste Bastos y Lago, "para o comércio de filmes cinematográficos em geral".[116] Portanto, apesar das dificuldades que o levavam a expedientes menos nobres, Alfredo labuta para manter-se ativo no ambiente cinematográfico e figura, até mesmo com alguma projeção, nesses decisivos primeiros anos da década de 1930. Com efeito, além do aumento de capital de sua empresa, integra-se como sócio-fundador de uma associação de produtores – proposta de interlocução entre a classe cinematográfica e o poder federal. Em 2 de junho de 1934, na companhia de Armando de Moura Carijó, Adhemar Gonzaga, Alberto Botelho, Jayme de Andrade Pinheiro, Fausto Muniz, William Schocair, João

DE VOLTA AO BRASIL E A CARTA AO PRESIDENTE

Stamato, Luis Seel, Aristides Junqueira, Victorio Verga, Paulo Benedetti, Aphrodizio Castro, Ramon Garcia, Silvino Santos, Edgar Brazil, entre outros nomes de menor repercussão, assina a ata de fundação da Associação Cinematográfica de Produtores Brasileiros – a ACPB.[117]

Funcionando como veículo de reivindicações, a associação chega a obter do governo federal o privilégio, antes concedido apenas aos profissionais da imprensa, do "abatimento de 50% nas passagens das estradas de ferro de propriedade da União e por ela administradas, bem como nos navios da Companhia da Navegação Lloyd Brasileiro".[118] A tônica da associação é de ordem corporativista, tanto que, como primeiro ato, a diretoria eleita solicita, em meio a outras atribuições de ordem prática, "a solidariedade efetiva entre todos os produtores brasileiros".[119] A deliberação que procura congregar os afiliados no lançamento de seus filmes por intermédio de uma única empresa, a Distribuidora de Filmes Brasileiros (DFB), consegue a adesão de 27 produtoras, entre elas a Cosmos Filme.[120]

Sem contrariar a deliberação, que seria posterior, Alfredo dos Anjos, de maneira independente, procura usufruir dos benefícios da lei de obrigatoriedade de 1932. A Censura Federal, a 1 de abril de 1933, havia classificado como educativo *A volta ao globo em 100 dias*, um curta de 1.120 metros – cerca de 30 minutos, portanto – produzido por ele em parceria com José da Rocha Pereira. A extensão do assunto talvez não superasse o senso de oportunidade; poderia tratar-se simplesmente de uma coletânea de *Viagem à Argentina*, *Festas de Vila Real* e tantos outros que teriam sido adquiridos durante as andanças pelas terras portuguesas. Até onde se sabe, a emissão do certificado não forçou a exibição do filme.

Alfredo não desiste: entre 26 e 31 de maio de 1934, a firma regula junto à censura o título *Jornal do Brasil Maravilhoso*, inescapável reciclagem de episódios do conhecido filme, numa tentativa infrutífera de criação de um cinejornal. Como o anterior, também não conhece projeção pública.[121]

Talvez os sonhos de Alfredo dos Anjos fossem um pouco mais ambiciosos, pois desde maio de 1933 aguarda o parecer do presidente

ALFREDO DOS ANJOS: VIAJANTE E CINEASTA LUSO-BRASILEIRO

da Comissão de Censura Cinematográfica sobre sua proposta de "organizar um serviço de propaganda intensa do Brasil pela cinematografia", com recursos do governo, a começar pela definitiva sonorização de *O Brasil maravilhoso*.[122]

Nesse ínterim, uma empreita sonora de complexidade semelhante o levara a associar-se aos compatriotas J. G. de Araújo e Silvino Santos. O português Silvino Santos, que, como o próprio Alfredo, há muito se aclimatara ao Brasil, precisamente à região Amazônica, esteve por dois anos em Portugal, entre 1927 e 1929, filmando cenas da viagem da família Araújo pela região do Minho. Pretendeu-se, em 1933, que várias dessas cenas fossem reunidas em um documentário de longa--metragem, a ser batizado de *Terra portuguesa – o Minho*. Para auxiliá--lo, Alfredo dos Anjos assina a produção por meio de sua empresa e se responsabiliza pela montagem dos materiais e pela sonorização final através de processos mais modernos, bastante superiores ao Vitaphone utilizado nas exibições portuguesas de *O Brasil maravilhoso*. Silvino Santos, em suas memórias, relata:

> Havia no Rio um patrício, Alfredo dos Anjos, [...] falei-lhe dos negativos de Portugal. Foi com o sr. comendador [J. G. de Araújo] e combinou-se tirar có-pias sincronizadas [...]. No atelier do [Fausto] Muniz [na ocasião proprietário da Cine Som Estúdios], em Santa Isabel, subúrbio do Rio, foi sincronizado o filme; levamos músicos com as músicas portuguesas e cantores; a miss Margarida, da colônia, também cantou para o filme; era tudo muito bem ensaiado, conforme passava o filme cada um falava ou cantava, conforme o assunto; depois de ensaiado duas noites, era gravado. Havia harmônicas, guitarras etc. O som era gravado no filme separado, depois copiava-se o po-sitivo e, de lado, o som. Foi o primeiro filme mudo que se sincronizou. Fi-cou ótimo. Foi um sucesso, todos gostaram. Num dos cinemas de Ponce & Irmãos, na praça do Teatro Municipal, levou uma semana de cartaz; fez-se [sic] lindas alegorias que enfeitavam a fachada do cinema [...].[123]

A sessão de lançamento de *Terra portuguesa – o Minho* realiza-se no Rio de Janeiro, no dia 19 de março de 1934: "o sr. embaixador de

DE VOLTA AO BRASIL E A CARTA AO PRESIDENTE

Portugal e demais autoridades diplomáticas e consulares da terra amiga, bem como as figuras mais representativas do cenário político brasileiro [comparecem] ao [Cine] Broadway para assistirem à *première* gloriosa".[124] O filme termina por ser "a reprodução fiel do Minho, com as suas paisagens, suas cidades e aldeias, suas festas populares e romarias, seus hábitos e costumes".[125]

A experiência adquirida por Alfredo dos Anjos no manejo técnico do som e as repercussões positivas do filme de Silvino Santos, principalmente junto aos meios políticos e diplomáticos, podem ter reforçado a ideia de sonorizar *O Brasil maravilhoso* com melhores recursos. A falta de resposta da Comissão de Censura, afinal, não o desanimara. Envia nova correspondência ao ministro do Trabalho que, por sua vez, ordena "a expedição de um aviso ao seu colega das Relações Exteriores, transmitindo o pedido de Alfredo dos Anjos para fazer propaganda do Brasil pela cinematografia".[126] Nenhuma resposta advém do pedido.

Como estímulo adicional, provavelmente a avivar-lhe as esperanças, há o empenho do próprio presidente da República que, em discurso de 30 de junho de 1934, profere entusiasmado:

> Por sua desmesurada grandeza geográfica, depara o Brasil, ao estadista, uma série de problemas complexos de ordem econômica, política e social, cujas soluções dependem da análise rigorosa de certos dados fundamentais em geral obscuros e indecisos. O papel do cinema [...] pode ser verdadeiramente essencial. Ele aproximará pela visão incisiva dos fatos os diferentes núcleos humanos, dispersos no território vasto da República. O caucheiro amazônico, o pescador nordestino, o pastor dos vales do Jaguaribe ou do São Francisco, os senhores de engenho pernambucanos, os plantadores de cacau da Bahia seguirão de perto a existência dos fazendeiros de São Paulo e de Minas Gerais, dos criadores do Rio Grande do Sul, dos industriais dos centros urbanos; os sertanejos verão as metrópoles em que se elabora o nosso progresso, e os citadinos, os campos e os planaltos do interior, onde se caldeia a nacionalidade do porvir.[127]

Para Alfredo, o cumprimento das palavras do presidente seria unir o útil ao agradável. O que o chefe da nação almeja já está feito, afora o mérito de pioneirismo de quem filmou (ou juntou), há cerca de seis ou sete anos, exatamente aquelas temáticas sugeridas. Depois de todas as tentativas frustradas com escalões inferiores, exerce seu direito à cavação (prática bastante comum à esfera civil nacional) e escreve então diretamente ao presidente. A carta, sobejamente citada, abre-se com a data de 20 de agosto de 1934 e tem como finalidade buscar o necessário financiamento dos cofres públicos, não para uma nova produção, mas para a versão sonora e modernamente sincronizada de *O Brasil maravilhoso*.

A narrativa da correspondência em alguns momentos denota uma humildade vaidosa e, portanto, falsa ou protocolar: agradece a gentileza pelo incentivo da senhorinha d. Amélia Borges Rodrigues (sua sócia na Cosmos Filme mas aqui outorgada "digna princesa da colônia portuguesa do Brasil"), e declara-se sumamente grato por ter obtido do presidente a naturalidade brasileira recém-conferida, que desde 1923 tinha sido protocolada[128] – prova de que seu interesse pelo Brasil vinha de longa data.

No conteúdo geral, busca evidenciar a imagem de um grande e competente empresário. Foi de sua iniciativa "a criação da Navegação Mineira do Rio São Francisco, no governo do exmo. sr. dr. Wenceslau Braz [e] grande propaganda daquele mediterrâneo brasileiro". Sem cerimônias, chega a propor a "realização das grandiosas obras públicas que são precisas e indispensáveis com a máxima urgência: a rede geral de estradas de ferro, sua eletrificação pela força das quedas de água" e a instalação de uma usina siderúrgica em Itabira, matriz do ferro, "um dos maiores tesouros do mundo".[129] Por fim, qualifica sua principal obra como homem empreendedor: a confecção de *O Brasil maravilhoso*, filme silencioso organizado depois de uma excursão pelo Brasil, custeada por ele sem qualquer dispêndio do governo brasileiro (como explica no descritivo que acompanha a carta) e que teve como objetivo fazer uma demonstração geral do Brasil nos países estrangeiros.

DE VOLTA AO BRASIL E A CARTA AO PRESIDENTE

Explica também que tal iniciativa angariou elogios e aplausos em Portugal inteiro, porém não conseguira distribuição na Espanha por "a lei exigir ali todos os filmes sincronizados em Movietone",[130] o que justifica a petição pela sonorização. E reclama que já havia cientificado alguns ministérios (ou seja, tentara em vão todas as vias possíveis), "aguardando a oportunidade de poder tratar definitivamente desse assunto", a saber: o custeamento "de cerca de cincoenta contos de réis no primeiro idioma (50:000$000) e de mais vinte cinco contos de réis em cada um dos outros idiomas (25:000$000), visto poder-se aproveitar a música e sons já ensaiados para o primeiro e só serem os idiomas na parte falada do filme".

Em contrapartida ao auxílio monetário do governo brasileiro, promete adicionar à filmagem o que o presidente e seus ministros acharem "interessante para a abertura do filme" e, logo depois de outu-bro, quando começa a temporada cinematográfica europeia, a distri-buição poderia ser feita "pelos países que v. excia. julgar mais urgente".[131]

Ao se observar os diferentes carimbos de protocolo que recebeu a carta, é possível imaginar que vários assistentes administrativos devem ter efetuado sua leitura e folheado a extensa documentação que a acompanha. Podem ter verificado valores e nada terem decidido; um deles, mais esclarecido, teria se lembrado de que o governo oferecera ao cinema brasileiro a promissora lei de incentivo promulgada em 1932 e, no caso de planejar um grande filme de propaganda das potencialidades do país, melhor seria solicitar à Associação Cinematográfica de Produtores Brasileiros o nome de uma empresa coligada, como a importante Cinédia S.A., que possuía o maquinário moderno para a confecção de filmes tecnicamente compatíveis com as exigências do mercado. De posse dessas lembranças, o burocrata de uma das várias secretarias por onde correu a requisição, sem encaminhar a correspondência ao presidente, houve por bem considerar encerrado o processo de tramitação.

Alfredo busca outras alternativas para manter-se na atividade de cinema. Volta a Portugal, ainda em 1934, depois de assinar com a Cinédia, em 19 de novembro, o contrato de venda de dois curtas-

-metragens da produtora, com o intuito de lançá-los nos mercados português e espanhol. A 7 de janeiro de 1935, porém, em bilhete dirigido aos diretores da empresa, informa que os referidos filmes ainda se encontram retidos na alfândega de Portugal por conta de custos muito elevados para a liberação. É provável que aqui terminasse a parceria, pois rezava o contrato o pagamento integral dos direitos até o dia 15 de janeiro.[132]

Pouco tempo depois, em maio, ainda como sócio da ACPB, Alfredo dos Anjos toma parte no grupo de signatários de um instrumento particular chamado Convenção de Produção e Distribuição de Filmes Cinematográficos Nacionais, por meio do qual os produtores se comprometem a produzir quinhentos filmes, "com a metragem mínima de 130 metros lineares e máxima de 300", até 30 de abril de 1936.[133] A promessa, com certeza, é cumprida, conforme atesta o levantamento da filmografia do período; no entanto, nenhuma produção de Alfredo dos Anjos, nesse ano ou além dele, foi registrada. Fazer cinema tornara-se atividade bastante dispendiosa com o advento do som e as necessárias melhorias nas aparelhagens, e Alfredo, com sua pequena empresa, não tem recursos suficientes para bancar novas aventuras nessa área. Para efeito de comparação, o último levantamento de capital da Cosmos Filme era de 8 a 16 vezes menor que o de algumas produtoras associadas à ACPB.[134]

É o fim das pretensões cinematográficas de Alfredo dos Anjos e de mais um de seus empreendimentos. No folheto do Instituto Nacional do Cinema Educativo, provavelmente de 1936 e que contém a "exposição completa de todas as firmas produtoras de cinema", nem Cosmos Filme nem o nome de seu proprietário constam nas informações, inclusive nas complementares.[135] Um balanço sobre a situação do cinema brasileiro depois da lei de obrigatoriedade de exibição, "que gerou a espantosa movimentação de cerca de dez mil contos", relaciona todos os associados da ACPB cujos filmes foram distribuídos pela Distribuidora de Filmes Brasileiros para todo o território nacional. Alfredo dos Anjos e a Cosmos Filme não fazem parte da lista.[136]

DE VOLTA AO BRASIL E A CARTA AO PRESIDENTE

Na sua eloquência silenciosa, *O Brasil maravilhoso* deveria permanecer. Afinal, suas imagens canhestras de um Brasil quase inocente não condizem com o espírito de modernização preconizado pela Revolução de 1930 e a ser fomentado quando da instauração do Estado Novo em 1937. A partir daí, sobretudo, o próprio governo se encarregará da divulgação de suas realizações e da propagação ufanista em torno das riquezas do Brasil, produzindo por intermédio de seu Departamento de Imprensa e Propaganda (DIP), as edições semanais do *Cine Jornal Brasileiro*.

7
DE PRODUTOR CINEMATOGRÁFICO A GUIA DE EXCURSÃO

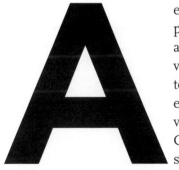experiência direta com o cinema, no corpo a corpo com as questões financeiras e as dificuldades de exibição que o envolviam, em hipótese alguma anulara a pretensão científica de Alfredo dos Anjos em propalar os estudos do dr. Frot, como vinha fazendo pelo menos desde 1929. Concomitante às tentativas de revivificar sonoramente *O Brasil maravilhoso* e de produzir alguns complementos nacionais com os materiais filmados de que dispõe, Alfredo encontra na Pedra da Gávea, no Rio de Janeiro, material suficiente para provar a presença dos fenícios em território brasileiro na sua longínqua pré-história, como supostamente o dr. Frot imaginara. Aproveitando-se de seus conhecimentos dentro da imprensa,[137] Alfredo mais uma vez vira notícia.

ALFREDO DOS ANJOS: VIAJANTE E CINEASTA LUSO-BRASILEIRO

Possuirá o Rio o monumento mais antigo do mundo?, pergunta em 10 de agosto de 1933 a manchete do jornal que patrocina a mais nova atribuição profissional do ainda produtor cinematográfico. Segue-se um resumo das teorias mirabolantes que Alfredo ensaiara no lançamento de O Brasil misterioso e informa-se que, com base na tradução do professor Bernardo Silva Ramos, as inscrições hieroglíficas ostentadas pela Pedra da Gávea,

> Do lado direito de quem a olha de frente [...], dizem assim: "Tiro – Fenícia – Badezir – primogênito de Jethbaal". Essa descoberta, que por si só devia impressionar sobremodo o espírito do observador, cresceu ainda mais de importância com as que vêm sendo feitas por outros cientistas, como o dr. Frot, que vive a estudar o assunto, internado nos sertões do Brasil, e com os dados colecionados pelo amador e grande estudioso que é o orientador das excursões feitas pela A Noite, sr. Alfredo dos Anjos.[138]

Dias mais tarde, volta o jornal ao assunto, fornece mais detalhes sobre as impressionantes coincidências dos supostos hieróglifos com sinais de antigas civilizações encontrados no Tibete e termina por engrandecer ainda mais as figuras dos dois naturalistas: "O sábio francês dr. Apolinário Frot, que se acha ainda agora internado nos sertões da Bahia, foi, não há muito, levado ao tope da Gávea pelo sr. Alfredo dos Anjos, o homem que conhece os sertões do Brasil como nós conhecemos a avenida Rio Branco".[139]

Para coroar a série, enfim, uma entrevista com Alfredo, intitulada "Sonho de esplendor de um naturalista". A matéria revela absurdamente que ele "internou-se pelos sertões, seduzido pela magnificência de nossas florestas, permanecendo cerca de trinta anos em convívio diário com os indígenas. E depois de conhecer todos os segredos da mata virgem, em cujo seio recolheu milhares de inscrições hieroglíficas, regressou à vida da cidade, admirado de tudo quanto vira. 'Conheço o Brasil melhor que qualquer brasileiro!' disse-nos ele, a sorrir".[140]

Toda essa propaganda do jornal tem como finalidade divulgar uma grande expedição à Pedra da Gávea. Com o patrocínio dos cho-

DE PRODUTOR CINEMATOGRÁFICO A GUIA DE EXCURSÃO

colates Nestlé, o Centro Excursionista Brasileiro planeja para o dia 3 de setembro, em homenagem ao dr. Lourival Fontes, diretor da Secretaria do Gabinete da Prefeitura, uma excursão à Cabeça do Imperador, local onde se pode apreciar detidamente os hieróglifos e acompanhar "interessante palestra pelo ilustre cientista sr. Alfredo dos Anjos sobre as hipóteses que giram em torno dos mesmos".[141]

É um sucesso o evento do Centro Excursionista – comemora a imprensa:

> Apesar do tempo incerto, participaram dessa escalada nada menos de 87 excursionistas [entre os quais] também a dra. Carmen Velasco Portinho, que levou consigo um grupo de sócias da Associação Universitária Feminina, o que mais contribuiu para o encanto do passeio, uma vez que foi bem grande a concorrência de senhoritas. Foram filmados vários aspectos da escalada e, pelo sr. Alfredo dos Anjos, foi feita uma preleção sobre a Pedra da Gávea.[142]

Alfredo dos Anjos torna-se o especialista do assunto. Sensacionais hipóteses de sua autoria são divulgadas por uma ampla reportagem em que se informa novamente sobre a suposta visita do dr. Frot à Pedra da Gávea, três anos atrás, em sua companhia, durante a qual "ambos teriam constatado a existência das inscrições, que se atribuem a pancheanos [sic], atlantas, possidôneos [sic], egípcios e fenícios".

O repórter, participante da recente excursão, descreve a penosa ascensão que lhe custou uma ou duas horas pelo morro: "homens práticos, diretores do Centro Excursionista Brasileiro, srs. Hugo Brume [sic] e Fernando Guimarães, que levavam um guia de primeira ordem, o sr. Haroldo Pena, sócio da útil agremiação, davam-nos alento". E diante da cabeça de granito, enfim alcançada, colheram-se estudos "com o sr. Anjos, [sobre] as inscrições, em grande número, disseminadas por todos os recantos. Algumas estão nitidamente impressas. Outras estão falhas". Desconfia, porém, ao fim, da veracidade das teorias: "De qualquer modo, quem quiser vê-las com olhos de estudiosos, poderá fazê-lo. Os profanos não poderão fazê-lo, sobretudo porque lhes falta intuição".[143]

As certezas de Alfredo dos Anjos quanto a esse glorioso passado pré-histórico brasileiro causam viva impressão em pelo menos outro especialista. Em três longos artigos publicados nos anos vindouros, de 1936 a 1938, Arnaldo Damasceno Vieira retoma as especulações, reforçando-as com as descobertas categorizadas de Peter Wilheim Lund, o que coloca Frot e Alfredo no mesmo patamar científico do naturalista dinamarquês. Nesses ensaios de pretensão erudita, Damasceno Vieira nunca deixa de referir-se aos "esforçados pesquisadores, os naturalistas Apolinário Frot e Alfredo dos Anjos, [que] examinaram demoradamente a gigantesca escultura [da Pedra da Gávea] e os enigmáticos caracteres abertos na rocha, atribuindo-os aos poseidônios [sic] e aos fenícios";[144] aos pesquisadores que descreveram os restos de antiquíssimas civilizações como "Ludovico Schwennhagen, Taufik Kurban, Apolinário Frot, Alfredo dos Anjos, Bernardo Ramos, Thomas Pompeu Sobrinho, Barros Fournier etc.";[145] e aos estudos do "grande Peter Lund no setor da geologia e da paleontologia; Ladislau Netto, Ferreira Penna e Couto de Magalhães no departamento etnográfico; Fidel Lopes, Jorge Hurley e Pablo Patron na esfera glotológica; Bernardo Ramos, Ludovico Schwennhagen, Alfredo dos Anjos, Thomaz Pompeu Sobrinho no terreno arqueológico, na documentação representada por antigos monumentos, ruínas, esculturas, inscrições etc.".[146]

Neste último artigo, a velha obsessão de Alfredo dos Anjos pelo rio São Francisco parece tê-lo contaminado:

> Uma das partes da obra magnífica de Schwennhagen que mais atenção despertam constitui a que se refere aos gigantescos trabalhos levados a efeito por egípcios e fenícios no sentido de avolumar as águas do rio São Francisco, o "Nilo brasiliense" [...]. As quedas de Paulo Afonso e as quedas do Iguaçu, fontes de energia hidráulica destinadas à nossa próxima grandeza industrial e econômica; o serviço irrigatório, fecundante dos vales do rio Paraná, prosseguindo os largos empreendimentos ancestrais, e do "Nilo brasiliense" tornarão em breve prazo aquelas regiões do centro e do sul do Brasil o mais opulento celeiro do mundo e o mais próspero centro de atividade humana![147]

Do livro Ouro do Brasil *(1940)*. Excursão à Pedra da Gávea. Alfredo é o primeiro homem à esquerda.

Ao que se saiba, Alfredo dos Anjos não está envolvido na produção dos ensaios, nem se manifesta em relação a qualquer um deles. Nesse ínterim, desde setembro de 1936, reside em São Paulo[148] e ali permanece pelo menos até 1940,[149] com uma pequena interrupção em fins de 1938, durante a qual concretiza sua última grande aventura documentada: o reencontro com o rio São Francisco e com o mestre Frot. Nessa data, o jornal *A Noite* planeja uma série de reportagens cujo foco é localizar o dr. Apolinário Frot, o qual, segundo as informações disponíveis, acha-se embrenhado numa cidadezinha baiana. Alfredo dos Anjos é convidado pela redação para ser o guia de uma expedição capitaneada pelo jornalista Carlos Buhr.

As primeiras e mais saborosas reportagens, baseadas no diário do jornalista, descrevem a excursão etapa por etapa até a meta estipulada. Com saída de Belo Horizonte, principia-se a expedição por Pirapora, ainda Minas Gerais, de cujo porto o jornalista e Alfredo dos Anjos vão descer o rio São Francisco a bordo do "gaiola *Raul Soares*". No trajeto, deixa-se para trás Januária e, já em território baiano, atinge-se Bom Jesus da Lapa e depois Sítio do Mato, última cidade antes do reembarque em navio menor pelo rio Corrente. O ponto de chegada será Santa Maria da Vitória, de onde, a cavalo, a excursão, já mais próxima à fronteira de Goiás, adentra Correntina, lugarejo onde estaria abrigado o dr. Frot.

Por esse longo caminho, cerca de 1.200 quilômetros percorridos em condições adversas e pelos mais diferentes meios de transporte, assoma o vigor de Alfredo dos Anjos. Senhor de quase 60 anos, revela-se, segundo o teor das reportagens, um apreciado contador de causos, portador de um "entusiasmo que lhe é natural"; um sertanista experimentado que ensina o repórter a se imunizar dos mosquitos; um organizador eficiente das providências necessárias para arranjar guia e animais; e principalmente o dono de um impulso juvenil que o leva a adiantar-se nas partidas e a não esmorecer nem mesmo quando do tombo notável de uma montaria.[150]

Fica flagrante também a rede de relacionamentos que o interliga de longa data à região do São Francisco: Oscar Caetano Gomes, prefeito

DE PRODUTOR CINEMATOGRÁFICO A GUIA DE EXCURSÃO

de São Francisco; várias personalidades de Januária; o dr. Manoel Cícero de Magalhães, prefeito de Bom Jesus da Lapa; o também prefeito major Félix Joaquim de Araújo, de Correntina; um velho amigo, prefeito de Santa Maria; e principalmente o motivador da excursão, o dr. Apolinário Frot. Caberá a Alfredo a apresentação primeira do repórter Carlos Buhr ao engenheiro francês, o qual, em seguida, levará o velho amigo até sua residência. Devem ter parlamentado com intimidade pelo trajeto, pois, conta o jornalista, "quando [Alfredo] voltou não ocultou a sua satisfação, gritando aos meus ouvidos: Ora, viva, 'seu' Carlos! Agora é que a história mais assombrosa de todos os tempos vai começar".[151]

O dr. Apolinário, no primeiro encontro produtivo com o jornalista, distingue dois ramos de suas pesquisas: um, sobre as inscrições de antigos povos; o outro, sobre as inscrições, "verdadeiras criptografias", que indicariam o paradeiro de jazidas de prata descobertas e demarcadas por desbravadores dos sertões brasileiros nos séculos XVI e XVII. Suas provas para ambos os casos eram desenhos, mapas, reproduções e quarenta anos de trabalho que enredam o conjunto de investigações.

> Estes documentos, meus amigos, afiram detalhes históricos inteiramente desconhecidos com relação à migração dos povos, há milênios passados, e, ainda, o itinerário, a atuação e os resultados da famosa bandeira de Belchior e Robério Dias Moreira [...]. A respeito desses dois assuntos, descobri, pela leitura das inscrições, toda a verdade. Estudando as insculturas rupestres deixadas pelos fenícios, consegui traduzi-las e, com isso, traduzi também os petróglifos, que assinalam as extraordinárias empreitadas da bandeira de Robério e Belchior, desde o início até o fim das suas incursões.

Ele deixa evidente estar mais inclinado a falar sobre os sinais quinhentistas ou seiscentistas marcados pelos bandeirantes do que sobre os hieróglifos de civilizações de milênios anteriores ao descobrimento do Brasil. O tema das bandeiras tinha sido aos poucos introduzido nos artigos precedentes, contrariando o objetivo divulgado pela primeira reportagem, e causa estranheza o jornalista ficar fascinado pelo teor dos depoimentos que virão e assinalar que seu guia, "o Alfredo dos Anjos, parecia uma estátua, tanta atenção dava a esse introito".[152]

Com efeito, a desdizer a impressão do repórter, tanto os leitores quanto Alfredo conheciam de sobejo as pesquisas do dr. Frot sobre os primeiros bandeirantes. Durante a viagem, o tema das minas de prata já havia aparecido em diversas reportagens e, em uma delas, a bordo de um dos "gaiolas", o relato fora conduzido pelo próprio Alfredo dos Anjos, no qual narrava a extraordinária excursão realizada pelos dois à Serra do Ramalho, Bahia, "cordilheira inviolável [onde] o famoso Robério Dias escondeu boa parte da prata retirada das minas que descobriu".[153] Ao considerar verdadeira tal afirmação, Alfredo teria uma outra faceta profissional, até aqui não mencionada: a de mineralogista, especialista em minérios, campo de trabalho afeito à representação comercial e que ele imbrica a sua empresa cinematográfica, conforme se lê no timbre de todos os documentos enviados ao presidente Getúlio Vargas.

A data da excursão à Serra do Ramalho é desconhecida, mas o interesse extrativista de Alfredo dos Anjos ocorreu bem antes da fundação da Cosmos Filme, pois em 1917 escrevera para o secretário-geral dos Negócios do Estado de Santa Catarina, solicitando informações sobre a existência de "jazidas de mármore em Camboriu e amianto em Nova Trento, bem como em outras partes, mica, leatite e moskavita[154] [sic]". De que maneira esses interesses se concretizavam comercialmente não se sabe, mas foram bastante permanentes e ruidosos. Exemplos não faltam.

Numa entrevista de agosto de 1933, discorre com propriedade sobre o potencial oferecido pela extração do ouro no Brasil: "Se o ministro da Fazenda [Oswaldo Aranha] levar a cabo esse empreendimento, pondo em prática a execução dos serviços de exploração, o Brasil estará salvo". E determina ardilosamente os limites dentro dos quais poderia fornecer ajuda ao governo federal: "Eu mesmo me ofereço, de boa vontade e sem o menor interesse, a servir de guia a qualquer comissão técnica que o ministro designe para examinar o leito dos rios auríferos do Brasil".[155] Na carta de 1934 para o presiden-

DE PRODUTOR CINEMATOGRÁFICO A GUIA DE EXCURSÃO

te Vargas, ao sugerir as providências necessárias para o progresso do Brasil, Alfredo reitera a necessidade de exploração do ouro, segundo ele como vinha enunciando por meio de uma campanha do jornal *A Noite*, durante a qual indicava os locais de muitas jazidas.[156] Em 1938, pede a consideração do mesmo presidente para o memorando que endereçara ao ministro dos Transportes sobre "o processo de manufatura do coque metalúrgico, gás, cimento, aço e outros metais".[157]

O conjunto de conhecimentos também nesse assunto o leva a publicar, em 1936, o opúsculo *Ouro brasileiro*, utilizando-se do velho pseudônimo Alfanjos.[158] Mais tarde, em 1940, duas novas edições da obra são preparadas em São Paulo, uma mantendo o pseudônimo e o título original, e a outra, com seu próprio nome,[159] mas com o título alterado para *Ouro do Brasil* ou *Exploração do Ouro Brasileiro*.[160]

O livrinho – como ele mesmo o chama – é um apanhado variado de elucubrações: a necessidade da indústria siderúrgica, a construção estratégica de rede ferroviária e de navegação fluvial para o progresso do país e a sugestão enviada à Prefeitura do Rio de Janeiro em 15 de janeiro de 1938, para a "remodelação da capital federal", mirabolante plano urbanístico com grandes avenidas, túneis, pontes e uma vasta "rede de viação extra rápida dos metropolitanos". A contrariar o último investimento, porém, em outro capítulo incentiva a mudança da capital para o centro do Brasil, às margens do rio Xingu, a ser denominada Santa Cruz ou Cruzeiro.

O cinema nesse livrinho não fica matéria esquecida, e muito menos esmorece a vontade de Alfredo dos Anjos de organizar novas expedições. Intercala os capítulos uma divisão em que pede auxílio à produção de películas de propaganda, relacionando-a agora à divulgação do extrativismo do ouro. Para a realização de cada filme, promete que "será incorporada uma excursão ou bandeira cinematográfica, com pessoal competente indispensável, que, em cerca de 6 meses de trabalhos nos sertões e nos laboratórios, poderão [sic] apresent[á-lo] concluído para exibições públicas".

O maior número de páginas, é claro, está reservado ao tema do título. "Dedicado especialmente aos senhores governantes brasileiros e a todos os amigos do Brasil, que se interessam pelo grandioso progresso deste país maravilhoso" – diz ele –, e já "velho com 60 anos, perto do fim da [sua] vida terrestre, [é seu objetivo incentivar a] exploração intensiva do ouro metálico nacional". Em nome da causa, historia o poder do ouro para o desenvolvimento de várias civilizações (inclusive a egípcia, a fenícia e a cartaginesa que por aqui passaram em remotas eras!), explica as formas de garimpagem e discrimina a quantidade dos veios esparramados pelo território nacional.

As sucessivas edições revelam o alcance da repercussão que, anos mais tarde, ainda reverbera. A revista Ilustração Brasileira, sob a manchete "Quais as regiões brasileiras mais ricas em ouro?", reproduz extensa relação retirada do opúsculo de Alfredo dos Anjos.[161] O prefeito da cidade de Goiás, A. Volney, encarregado em 1946 da construção de uma boa estrada para o funcionamento da Cia. Goiana de Mineração, não se esquece de mencionar saudoso conhecido, "o grande idealista Alfredo dos Anjos, homem de vastos conhecimentos e admirador do Brasil Central".[162]

Por todos esses motivos a envolver Alfredo dos Anjos com o ramo exploratório de jazidas minerais, não houve, portanto, surpresa de sua parte quando o velho amigo, o dr. Frot, privilegia no encontro com o jornalista as pesquisas históricas sobre os exploradores coloniais que apontaram os veios de um grande tesouro. Doravante, as reportagens de Carlos Buhr, obediente ao que lhe indica o estudioso, passam a transcrever a metodologia para a decifração dos sinais deixados por Belchior e Robério Dias Moreira e, contrariando as expectativas geradas pelo artigo de apresentação da série, pouco desenvolvem as conjecturas sobre os hierogramas egípcios ou fenícios, em nome das quais para ali fora enviado o repórter.

A sequência de reportagens, talvez por conta da perda do foco, torna-se um tanto árida. Aventa-se a hipótese da ida do sábio francês para o Rio de Janeiro, onde ele trataria de expor as teorias sobre a passagem de povos antigos pelo Brasil,[163] e, justificada assim a razão da mudança de rumos, tenta-se atrair o leitor com o detalhamento das peripécias do cientista pelo sertão na busca das inscrições dos ban-

DE PRODUTOR CINEMATOGRÁFICO A GUIA DE EXCURSÃO

deirantes. Os relatos seguintes, com algumas aventuras parcialmente descritas em artigos anteriores, passam a ser publicados com intervalos maiores de dias e, por fim, a série se interrompe abruptamente, sendo retomada em dois artigos apenas, nos quais se arrematam a decisão da partida do dr. Frot para a Capital Federal no último mês de 1938 e os preparativos para tal jornada.[164]

A partir de então, nada mais suscita o investimento do jornal no engenheiro francês, a não ser, pouco mais de um ano depois, quando comunica seu falecimento, a 17 de dezembro de 1939: "O que foi essa existência aventurosa e cheia de perigos, *A Noite* já teve ocasião de divulgar em crônicas sucessivas, pois foi este jornal que, atendendo aos apelos do 'sábio desconhecido', foi ao seu encontro, no interior do sertão baiano, e, ainda correspondendo aos seus desejos, trouxe-o a esta capital, onde pretendia concluir os seus interessantes trabalhos". No Rio, segundo o mesmo obituário, ele recebeu assistência por algum tempo, e depois a família de Adélia Darke de Mattos o acolheu, até que "minado por pertinaz doença" veio a perder a vida. "O seu sepultamento [...] teve regular acompanhamento e a presença do reduzido círculo daqueles que não desconheciam o seu trabalho e a sua pertinácia."[165]

8
PALAVRAS FINAIS

 livreto *Ouro do Brasil* traz uma fotografia de Alfredo dos Anjos. Corresponde a um senhor de confessados 60 anos de idade (um pouco mais ou um pouco menos, devido à distância entre a escrita do livro, a escolha da foto e sua publicação) e é sua última imagem conhecida. Engordou; o cabelo continua cortado rente, menos cheio; o bigode conformou-se ao desenho do cavanhaque, acompanhando a linha de expressão ao redor da boca. Há um certo cansaço expresso nos lábios e nos olhos, apesar de que estes continuam mirando retos, sem direcionar-se ao espectador. O corpo e a cabeça se posicionam em sentidos opostos: o corpo passou, mas a cabeça persevera nos sonhos e fantasias?

Difícil, com a idade, ter forças para novas façanhas, mas nos anos seguintes continua tentado a influenciar os destinos da nação que o acolheu. Em 1947, escreve ao Congresso Nacional. A carta é lida em sessão presidida pelo senador Melo Viana,[166] o mesmo que submete "à aprovação o parecer n° 44 [...] da Comissão de Agricultura, Indústria e Comércio, opinando seja ouvido o ministro da Viação a respeito das medidas sugeridas pelo sr. Alfredo dos Anjos, para a regularização dos preços dos gêneros de primeira necessidade", tais como: providências para a limitação dos juros, fornecimento gratuito de sementes, abertura de crédito, redução dos preços do transporte ferroviário etc. Aprovação unânime.[167] O ministro da Viação, por intermédio do Ofício 1.730, recusa as sugestões, e o relator Augusto Maynard Gomes, acatando a opinião ministerial, pronuncia-se pelo arquivamento da carta.[168]

É a derradeira manifestação pessoal de Alfredo dos Anjos pela imprensa. A última notícia dele obtida dá conta de seu falecimento no Rio de Janeiro, no dia 28 de novembro de 1950, com aproximadamente 70 anos de idade. Seus amigos Ruy de Souza Pinto, Ottilio Magalhães de Almeida e Moacir A. A. Norfini, "consternados com o desaparecimento do boníssimo colega", mandam celebrar missa de sétimo dia em sufrágio da alma do naturalista, segunda-feira, dia 4, às 9h30, no altar-mor da Igreja da Boa Morte, à rua do Rosário.[169]

Como cientista, porém, seu nome permanece. Jornalistas do Diário da Noite e da Rádio e Televisão Tupi, numa incursão de helicóptero em 1953 à pedra carioca, procuram chamar a atenção sobre "os chamados 'hieróglifos da Gávea', [que] até hoje, a despeito de sua importância, não mereceram das autoridades competentes o trato e o estudo que exigem [...] dos paleógrafos patrícios". O desmerecimento relativo vem da parte da sra. Eloisa Alberto Torres, diretora do Museu Nacional, para quem "aquelas inscrições e esculturas nada representavam, uma vez que decorriam de erosões e não tinham o significado que eminentes cientistas, como Bernardo Ramos, Rui de Castro e Alfredo dos Anjos (português), lhes emprestaram".[170] Ainda nos dias atuais, por conta dessas especulações históricas, a rede social indica

O *"velho"* Alfredo dos Anjos

vários sítios em que seu nome e o do dr. Apolinário Frot aparecem relacionados ao assunto.[171]

A lamentar que Alfredo não tenha escrito a própria biografia, Carlos Buhr, o repórter da excursão de A Noite, escreve:

> Não sei de um lugar no mundo onde esse mineralogista não tivesse estado. Aconselhei-o a escrever um livro que, no gênero, não teria igual. O meu guia nesta excursão pelo interior do Brasil já experimentou todas as emoções imagináveis. [...] Certa vez, diz ele, escapou até de ser condenado à morte, por ter profanado um templo asiático, no qual a entrada de um branco era o maior dos sacrilégios. Conseguiu invadir a mansão dos deuses disfarçando-se em nativo, mas, uma vez lá dentro, atrapalhou-se com as exigências do ritual, desconhecido para ele, e foi descoberto. Processado e condenado à morte, rezava já o seu último "Padre Nosso" quando foi salvo pela intervenção diplomática de Portugal.[172]

ANEXOS

ANEXO I

A CAVAÇÃO COMO MÉTODO

azer cinema no Brasil nas três primeiras décadas do século XX não era uma profissão muito honrosa; era, certamente, pouco lucrativa, apesar de serem utilizados determinados artifícios, lícitos e ilícitos, para dar conta da tarefa. Por exemplo, abrir uma escola de cinema e, com o dinheiro dos alunos, atores sonhadores, produzir um filme de ficção; ou, no ramo do documental, receber pagamento de fazendeiros para que fossem filmadas suas fazendas sem película na câmera; ou, ainda, solicitar recursos das autoridades constituídas para registrar eventos cívicos e obras realizadas.

ALFREDO DOS ANJOS: VIAJANTE E CINEASTA LUSO-BRASILEIRO

A prática muito comum, execrada por Pedro Lima e Adhemar Gonzaga nas páginas de *Para Todos* e *Cinearte*, recebeu o apelido desmoralizante de cavação, e "cavador" tornou-se a designação de seus seguidores.[173] Gilberto Rossi, um dos poucos prósperos produtores de cinema no Brasil da época, é um dos pioneiros nessa iniciativa empreendedora, para a qual encontra justificativa:

> Um cinegrafista não conseguia um trabalho certo, como qualquer outro homem honrado. Ninguém lhe dava crédito, e ele era obrigado a viver como um aventureiro, pulando de lá para cá [...]. Um dia, teve uma ideia: resolveu procurar Washington Luís. Explicar-lhe a sua profissão e pedir um emprego; era impossível que um homem que trabalhava para o governo não percebesse a utilidade de um cinegrafista. Esperou três horas para ser atendido, mas valeu a pena. Washington Luís era *"un bell'uomo, con cavagnac, un vero* Presidente da Republica. *Uomo risoluto*; disse '*Per favore, s'accomodi*', me escutou e meu deu serviço". Gilberto Rossi começou a filmar para Washington Luís; a princípio eram encomendas esparsas, exposições, inaugurações, coisas assim; mais tarde, passou a ser o cinegrafista oficial do governo do estado.[174]

Inúmeros outros cinegrafistas tentavam o mesmo expediente de Rossi, em escala mais regional, normalmente relacionado com autoridades municipais ou, na maior parte dos casos, apelando para as vaidades dos particulares. Centenas de filmes foram produzidos de comum acordo entre a cavação dos cineastas e o desejo de glória ou de imortalidade de seus financiadores, como fazendeiros, industriais ou diretores de instituições públicas.

Uma carta de Jayme de Andrade Pinheiro ilustra admiravelmente bem o jogo de cintura apelativo do qual se servia o cinegrafista ou o produtor cinematográfico para alcançar o objetivo de filmar. Dirigida a Getúlio Vargas, que em 1927-1928 era a mais alta autoridade do Rio Grande do Sul, ela explicita a gigantesca armação de fundos e recursos necessária para a confecção de uma simples película de propaganda sobre o estado.

ANEXO I

Ilmo. exmo. sr. dr. Getúlio Vargas
D.D. presidente do e. do Rio Grande do Sul

Jayme de Andrade Pinheiro, brasileiro, operador cinematográfico, residente à avenida Augusto Severo, 60, na Capital Federal, vem mui respeitosamente solicitar de v. exa. permissão para expôr-lhe o seguinte:

Tendo procurado o dr. Delphim Carlos, diretor do Museu Agrícola do Ministério da Agricultura, para propor-lhe confeccionar para aquele museu um filme sintético, mas que represente o que realmente é o Rio Grande do Sul, em sua vasta extensão territorial, em sua pecuária, em sua lavoura, em sua indústria, em seu extraordinário e sempre crescente progresso; um filme detalhado, minucioso, expressivo, com estatísticas e dados informativos, filme que poderá também ser exibido em Sevilha, na próxima exposição, por intermédio do referido Museu Agrícola, obtive do dr. Delphim Carlos a seguinte solução.

"O Museu Agrícola, que atualmente controla todos os filmes feitos para o Ministério da Agricultura e para a Exposição de Sevilha, tenciona levar à Espanha, e ter mesmo em sua coleção, para fins de propaganda, filmes de todos os produtos de todos os estados do Brasil. Mas o museu não manda propriamente confeccionar os filmes, apenas os controla e examina e os exibe sempre que julga oportuno. O que o museu pode fazer e o que já tem feito com diversos estados, inclusive estados do Rio, Espírito Santo e o da Bahia, entre outros, isto é, concorrer com a metade das despesas do filme concorrendo o estado interessado com a outra metade."

Exmo. sr. presidente, baseado nesta resposta do diretor do Museu é que ouso vir à presença de v. exa., a fim de propôr-lhe: confeccionar o filme perfeitamente de acordo com a orientação do museu e de pessoa indicada por v. exa. para acompanhar a filmagem. De acordo com a resposta do dr. Delphim Carlos, vê-se que o Museu tomará a si cinquenta por cento da despesa.

Assim sendo, eu tomaria a liberdade de alvitrar a v. exa. que a despesa relativa aos outros cinquenta por cento fosse distribuída pelos diversos municípios do estado, pagando a cada um a quota relativa ao trabalho que for executado no respectivo município. Destarte bem pouco virá a caber ao governo estadual.

Propondo a v. exa. a confecção do filme e ousando lembrar-lhe uma fórmula equitativa de pagamento tomo a liberdade de oferecer-vos provas de idoneidade e competência profissional.

IDONEIDADE
Bastaria o facto de ser o filme conforme a proposta, controlado pelo Museu Agrícola. Para assegurar a v. exa. maior honestidade com que será levada a efeito a conclusão do negócio, porém, as firmas comerciais do Rio de Janeiro, F. Marco Bertéa sita à rua Sete de Setembro 126, Edmundo de Levres, estabelecido no Edifício Monroe, os drs. Generoso Ponce Filho, Telmo Escobar entre outros poderão atestar.

COMPETÊNCIA PROFISSIONAL
O proponente é o técnico que dirigiu e operou o filme da POSSE DO GOVERNO DO RIO GRANDE DO SUL e que v. exa. deu a honra de assistir no Cinema Apollo de Porto Alegre, onde teve a ocasião de fazer boas referências sobre o trabalho exibido. Entre outros o Proponente foi quem operou o FILME DA CONFERÊNCIA INTERPARLA-MENTAR DE COMÉRCIO, de cujo negativo o Ministério do Exterior mandou fazer 40 cópias que seguiram em todos idiomas, para todos os países representados na conferência. Este filme foi exibido em Petrópolis para o sr. presidente da República e alta sociedade presente, recebendo de todos aprovação.

Cônscio de não ter deixado dúvidas no espírito de v. exa. sobre o caráter legitimamente honesto de minha proposta, rogo a v. excia. se digne oficiar ao dr. Delphim Carlos, em resposta a carta anexa, autorizando a executar-se o trabalho na devida forma.

Aguardando de v. exa. a subida honra de sábio parecer, subscrevo-me servidor attº.[175]

ANEXO I

A argumentação de Jayme Pinheiro possui conteúdo bastante similar à carta de Alfredo dos Anjos enviada em 1934 ao então presidente da República, Getúlio Vargas. O documento deve ter sofrido o mesmo destino da correspondência de Alfredo: gaveta! Pois tudo devia ser uma questão de sorte ou de apadrinhamento, conforme procedimento sedimentado em todos os setores da sociedade brasileira. A futura cientista Carmen Portinho desvela o ritual da pedincharia:

> Eu trabalhava muito e não me conformava com o fato de as promoções por merecimento dependerem de "pistolão". O tal diretor a quem estava subordinada tinha lá suas simpatias [...] e eu não queria ficar esperando a promoção por tempo de serviço. Fiquei arquitetando uma forma de ser promovida por merecimento e acabei achando um jeito: fui direto ao Washington Luís, que era o presidente da República. [...] Toda segunda-feira o presidente dava audiência pública: ele ficava lá no gabinete horas em pé ouvindo queixas e pedidos. Então, eu peguei aquela fila imensa e, quando chegou minha vez, contei o caso: "Sou engenheira, trabalho na prefeitura, dou conta do meu dever e trabalho muito. Podem consultar os meus chefes. Agora vai haver promoção e me considero com merecimento para recebê-la. Só que não conheço ninguém para me apresentar. Vim pedir ao senhor que saiba da minha vida, do meu trabalho e me ajude, caso julgue que mereça". Washington Luís respondeu: "Pois não!", e disse para o comandante Braz Velloso, que o acompanhava nas audiências: "Tome nota e providencie isso!" [...] Não sei exatamente o que o Braz Velloso fez. Só sei que acabei sendo promovida de praticante técnica para engenheira de segunda classe. O tal diretor ficou muito bravo. Quando fui receber a promoção ele disse: "A senhora pode estar certa que não dei um passo para sua promoção". Eu apenas agradeci.[176]

A título de curiosidade: Gilberto Rossi, no depoimento anteriormente citado, confessa a mesma intenção colocada em prática por diversos outros produtores, a incluir Alfredo dos Anjos e *O Brasil maravilhoso*:

ALFREDO DOS ANJOS: VIAJANTE E CINEASTA LUSO-BRASILEIRO

> Sua ideia inicial, quando fora procurar Washington Luís, não era conseguir subvenção para um jornal; o que Rossi pretendia era fazer documentários que pudessem servir de propaganda do Brasil no estrangeiro, filmar cataratas, florestas virgens, praias e outras belezas naturais. Em vez disso filmava estradas e inaugurações. Mas ficou satisfeito. [...] Com isso, conseguiu uma situação estável; já tinha uma firma constituída, e não lhe faltavam clientes.[177]

Já para os outros colegas de ofício, fazer cinema era uma aventura contínua e um exercício sem fim na obtenção de fontes de recursos.

ANEXO II

CARTA DE ALFREDO DOS ANJOS
PARA GETÚLIO VARGAS

Rio de Janeiro, 20 de agosto de 1934.

Exmo. sr. dr. Getulio Vargas
D. D. presidente da República dos Estados Unidos do Brasil
Palácio do Governo
Rio de Janeiro

Exmo. snr.

Respeitosas saudações.

Por gentileza de exma. senhorinha d. Amélia Borges Rodrigues, digna princesa da colônia portuguesa do Brasil, venho pedir a valiosíssíma proteção de v. excia. para que o governo brasileiro me auxilie na sincronisação do filme cinematográfico de O BRASIL MARAVILHOSO que organisei para fazer uma demonstração geral do Brasil nos países estrangeiros, conforme descritivo que a esta petição junto.

Este filme foi exibido no Brasil com aspecto adquado [sic] à propaganda nacional e, entre mais de 10 mil metros de negativos, escolhi 3 mil metros dos aspectos mais interessantes para a boa propaganda internacional do Brasil, seguindo para Europa em 1931 com os negativos deste filme e doutros interessantes de assuntos brasileiros, a fim de ali fazer as cópias e distribuição de acordo com os exmos. snrs. representantes diplomáticos do Brasil, para os quais levei carta circular de recomendação do Departamento Nacional de Comércio, que me foram entregues por intermédio dos exmos. snrs. dr. Carlos Cavaco e dr. Joaquim Eulalio.

Em Portugal foi o filme apresentado de acordo com o exmo. snr. dr. José Bonifacio, digmo. embaixador do Brasil, que convidou para a estreia no Teatro Politeama de Lisboa as altas autoridades portuguesas e todos os diplomatas estrangeiros, constituindo uma verdadeira apoteose a este querido Brasil que a todos causou a melhor das impressões, apesar de o filme ser mudo e apenas acompanhado de discos brasileiros musicados de acordo com as cenas, sendo, depois exibido este filme em todo Portugal.

ALFREDO DOS ANJOS: VIAJANTE E CINEASTA LUSO-BRASILEIRO

Em 1932 segui com o dito filme para a Espanha, onde não consegui distribui-lo por ser silencioso e a lei exigir ali todos os filmes sincronisados em Movietone, pelo que deixei o nosso filme em Madri e voltei a esta capital para conseguir recursos para a sincronisação sonora em Movietone, do que apenas cientifiquei alguns ministérios, aguardando a oportunidade de poder tratar definitivamente deste assunto e voltar à Europa para fazer as sincronisações nos idiomas mais urgentes e proceder à distribuição do dito filme pelos principais países do globo.

[página 2]

Eu nasci em Portugal, donde vim muito novo para o Brasil, dedicando-me ao Comércio, à indústria, à lavoura e à navegação; à botânica, à mineralogia, ao turismo e à cinematografia; contribuindo com prazer para o progresso deste país, ao qual me dediquei com verdadeira amizade, a ponto de ser considerado brasileiro pela antiga Carta Constitucional da República e agora o ser legalmente pela naturalisação que vossa excelência se dignou conceder-me em 24 de julho de 1933, pelo que lhe sou sumamente grato, desejando contribuir com outros serviços valiosos ao bem da nova pátria.

Sou um dos poucos que têm percorrido quase todo o Brasil e a maior parte dos países do globo para estudar a civilização de cada um e poder formar uma ideia do seu conjunto.

Promoví a criação da Navegação Mineira do Rio São Francisco no governo do exmo. sr. dr. Wenceslau Braz e fiz uma grande propaganda daquele Mediterrâneo brasileiro, que pede progresso.

No governo de vossa excelência animei a extração do OURO por publicações n'A NOITE, indicando os locais de muitas jazidas deste precioso metal em aluviões fáceis de explorar, dos quais alguns já estão produzindo muito ouro pelos faiscadores de bateia, e, se for intensificada a sua extração com inteligência metódica, poderá o Brasil saldar todas as suas dívidas dentro de poucos anos com o próprio ouro

ANEXO II

metálico e fazer bases sólidas para emitir dinheiro de papel suficiente para a realização das grandiosas obras públicas que são precisas e indispensáveis com a máxima urgência, tais como: a rede geral de ESTRADAS DE FERRO por todo o território nacional e a sua electrificação pela força das quedas de água existentes em abundância prodigiosa, em cujas obras terá garantido o seu consumo a produção da maior USINA SIDERÚRGICA DE FERRO E AÇO do Brasil a instalar-se em ITABIRA, a matriz destes metais, que só por si representa um dos maiores tesouros do mundo.

O filme de O BRASIL MARAVILHOSO fará uma das melhores propagandas do Brasil, sem outras despesas deste país além do custo da SINCRONIZAÇÃO do filme, que será de cerca de cinquenta contos de réis no primeiro idioma (50:000$000) e de mais vinte e cinco contos de réis em cada um dos outros idiomas (25:000$000), visto poder-se aproveitar a música e sons já ensaiados para o primeiro e só serem diferentes os idiomas na parte falada do filme, tudo pelo sistema de Movietone em uso universal.

Depois de sincronizado este filme, entregarei ao governo brasileiro uma cópia para sua documentação.

A temporada cinematográfica Europeia começa depois de outubro e eu desejo seguir nesse mês para aquele continente a distribuir o filme pelos países que v. excia. julgar mais urgente, adicionando ao mesmo a filmagem de v. excia. e seus exmos. ministros e outros assuntos que achar interessantes para a abertura do filme de O BRASIL MARAVILHOSO.

Esperando a sua benévola atenção e confiado no seu elevado patriotismo, certo de ter em mim um verdadeiro entusiasta pelo progresso brasileiro, subscrevo-me com muita estima, respeito e consideração.

De v. excia.

Atº. vr. e obgº.

[Assinatura: Alfredo dos Anjos]
Tip. Reclamo Teatral
R. do Cativo, 18 – PORTO

[Timbre]

 COSMOS FILME
PROPAGANDA LUSO-BRASILEIRA
Alfredo dos anjos
(Naturalista e viajante internacional)
REPRESENTAÇÕES COMERCIAIS EM GERAL
Encarrega-se de estudos e negociações de terras e minas.
Senhor dos Passos, 67 – 1º.
Rio de Janeiro (Brasil)

[Carimbos]
Secretaria de Justiça e Negócios...
15 set. 1934
Directoria da Justiça

Secretaria da Presidência da República
46.966
28 (?) 34

Gabinete do Ministro da Justiça
15-9-34

Secretaria de Justiça e Negócios Interiores
Directoria da Justiça
Protocollo Geral
2a. Secção
No. 139-34

[Assinatura: A. Lucas – 17-9-934]

ANEXO III

DECIFRANDO AS INSCRIÇÕES DO NORDESTE DO BRASIL

O jornalista Carlos Buhr, autor da série de reportagens com o título acima, vinha de outro trabalho semelhante, sobre a seca do Nordeste, escrito em capítulos durante fevereiro de 1937. Habilitado para esse novo e extenso folhetim, relata as peripécias para encontrar o dr. Apolinário Frot, tendo como guia da excursão Alfredo dos Anjos. Em muitos dos artigos, vigora o espírito de descoberta de um Brasil insólito aos leitores da parte sul do país. Para os olhos de hoje, não muito distantes daquele ponto de vista, apresenta-se uma deliciosa descrição das paisagens e dos costumes de um Brasil que se perdeu durante sua marcha histórica rumo à modernização econômica. Foram suprimidos os títulos e subtítulos das matérias, exceto da primeira publicação.[178]

Sábado, 1 de outubro de 1938.

DECIFRANDO AS INSCRIÇÕES
DO NORDESTE DO BRASIL

A Noite *procura localizar no sertão baiano o dr. Apolinário Frot, que pretende ter descoberto elementos para revolucionar a etnografia universal.*

Pirapora, a porta do sertão – Primeiras notícias do singular pesquisador – Resgatando documentos penhorados – Uma vida aventurosa

As informações, vagas mas constantes, que nos chegavam eram tentadoras. Desafiavam a pesquisa jornalística. Por isso, não nos detivemos diante de sacrifícios pessoais e materiais consideráveis, quando se nos deparou a possibilidade da reportagem que apresentamos ao público, e que, certamente, se inscreverá entre os episódios memoráveis da vida jornalística brasileira.

O repórter que se incumbiu da complexa missão agiu como garimpeiro de uma nova categoria, indo localizar nas selvas do sertão baiano uma singular figura de estudioso, que durante mais de quarenta anos se entregou a estudos de sentido científico em vasta zona do nosso *"hinterland"*, tendo chegado às conclusões transcendentes. Esse homem, o dr. Apolinário Frot, formado pela Escola de Engenharia de Paris, tendo tido atuação saliente em sua especialidade profissional em nosso país nos primeiros dias da República, terminou presa da paixão pelo estudo, depois de singularíssimas aventuras que o levaram à intimidade do sertão e lhe colocaram sob os olhos um material científico avultado. Durante quatro décadas de peregrinação estudiosa, de pesquisas quotidianas, de sacrifícios sempre renovados, chegou a resultados que, no seu dizer, são de molde a perturbar as bases universais sobre migração dos povos, origens étnicas, conformação dos continentes e da própria civilização.

ANEXO III

Segundo afirma Apolinário Frot, essas conclusões alteram os princípios estabelecidos por geólogos, arqueólogos, etnólogos e historiadores através [de] milênios de estudos que, ora aqui, ora ali, seguiram as mais diversas orientações antes de serem concatenados, sistematizados e muitas vezes modificados. Ele expõe, em linhas gerais, seu pensamento, e logo nos surpreendemos diante da largueza de perspectivas que apresenta. Com uma simplicidade impressionante, explica todo esse cabedal científico como resultante de uma chave de interpretações das inscrições encontradas, em grande quantidade, nos sertões brasileiros e cuja importância, desde muito revelada, sempre discutida e nunca verificada, jamais poderia ser atingida por inteligências medianas, incapazes de uma atenção mais detida e mais lúcida. Durante todo aquele longo período, ora trabalhando para prover a subsistência, ora se entregando sem trégua ao estudo, Apolinário Frot recolheu grande soma de conhecimentos. E teve que se conservar em solidão absoluta, sem aludir ao mérito do trabalho, pois, vivendo em meio rústico, o revelar-se seria passar por visionário.

A Noite julgou que seria interessante se quisesse voltar ao domínio da civilização, a fim de que seus estudos pudessem sujeitar-se à discussão e ao julgamento dos doutos na matéria. Ditas estas palavras iniciais, passemos ao diário do repórter encarregado da árdua tarefa, que para levá-la a bom termo houve de se empregar a fundo, penetrando o sertão pelo rio S. Francisco, até localizar o dr. Apolinário Frot. Esse diário que iniciamos na 3ª página, oferece notícia da viagem realizada e dos incidentes que a marcaram, dela surgindo uma personalidade singular de pesquisador; dessas raras criaturas que fazem de uma convicção ideal base da própria vida.

Em Pirapora, sem perda de tempo, rumei para o sertão da Bahia, em busca do professor Apolinário Frot. Depois de uma longa viagem, via Belo Horizonte, venci esta primeira etapa da excursão. A segunda etapa, Pirapora-Bom Jesus da Lapa, seria vencida a bordo do *Raul Soares*, o "gaiola" que, dentro de dois dias deixaria aquele porto fluvial para descer o S. Francisco. Esse espaço de tempo foi bastante curto para satisfazer a minha curiosidade de repórter numa ligeira

ALFREDO DOS ANJOS: VIAJANTE E CINEASTA LUSO-BRASILEIRO

visita à interessante cidade e, ao mesmo tempo, iniciar as primeiras providências diretamente ligadas à missão que me fora confiada.

Em obediência às instruções recebidas, e guiado por Alfredo dos Anjos, hospedei-me na mesma pensão onde, por longos meses, residiu também o dr. Frot. Foi em Pirapora que ele escreveu parte, das mais interessantes, dos seus estudos. Toda a documentação relativa a esse período das suas atividades forma volumosa bagagem, constante de quatro grandes volumes, retidos pela dona da pensão em garantia de uma dívida antiga do velho perlustrador do sertão. Examinei, cuidadosamente, o conteúdo desses volumes. Além de quantidade enorme de instrumentos especializados, continham grande cópia de documentos absolutamente indispensáveis a comprovações futuras, tanto sobre as pesquisas realizadas pelo dr. Frot em todo o Brasil, como da própria reportagem realizada pela *A Noite*.

Sobre o resgate desse cabedal de provas, entrei em entendimento com d. Marieta Anunciação Lima, a dona da pensão, que imediatamente se interessou pela proposta, pondo-me em contato com o seu procurador. Antes, porém, d. Marieta contou-me a história dos volumes, dizendo que os mesmos ficaram sob penhor, porque, durante longos meses, o dr. Frot residiu na sua pensão, então dirigida pelo seu marido, já falecido, e ali trabalhava, inteiramente dedicado a sua obra. O dia todo passava-o encerrado no seu aposento, escrevendo, desenhando, compulsando volumes diversos e concluindo observações em torno de pesquisas que acabara de fazer em todo o interior de Minas e Bahia. Nessas ocasiões isolava-se do mundo e, muitas vezes, esquecia-se até da hora das refeições. Pela sua bondade e maneiras cavalheirescas, depressa conquistou a simpatia de quantos deles se acercavam, inclusive do marido de d. Marieta, que se fez grande amigo e admirador do cientista.

– O doutor Frot nada ou quase nada possuía – explicava-me d. Marieta. – Morava conosco sem o dispêndio de um real. Quando, por necessidade dos seus estudos, resolveu viajar pelo interior da Bahia, disse-nos qual era sua situação e o valor dos seus trabalhos, acrescentando que, mais tarde ou mais cedo, satisfaria a dívida con-

ANEXO III

traída pela sua longa permanência na nossa pensão. Ao partir, deixou ficar os volumes que o senhor acabou de examinar, muito embora recusássemos essa garantia pela inteira confiança que depositávamos na sua palavra.

Assim que pudemos conhecer a documentação do engenheiro francês, partimos à procura do mesmo, que dentro de poucos dias deveria passar, de novo, por Pirapora.

Ainda em Pirapora, encontramos numerosos conhecidos do velho intérprete de inscrições. Conseguimos, assim, ouvir detalhes interessantíssimos da sua vida de pesquisador incansável na busca dos seus objetivos. Só o relato das extraordinárias aventuras desse personagem excêntrico, que, entre outras coisas, já foi até o cacique da tribo dos [Maxacalis], constitui reportagem das mais sensacionais.

Trata-se de um verdadeiro romance, que descreve, na realidade surpreendente das suas páginas, os mais interessantes episódios de uma vida que conheceu todas as escalas emotivas do sentimento humano, desde o fausto e das prerrogativas dignas dos grandes personagens, até as mais estranhas vicissitudes que ao ser humano são dadas a experimentar. Por tudo isso passou o dr. Frot, sem, contudo, se deixar vencer pelas contingências. Esses episódios, fora do comum, vividos entre a civilização e a selva, valem por um romance.

Segunda-feira, 3 de outubro de 1938.

Desde que iniciei a segunda etapa dessa excursão a fim de localizar o dr. Frot, desfez-se completamente uma impressão desagradável. Julguei que viajar num "gaiola" seria a imposição de um castigo, prevendo desconfortos, mau passadio, o ataque dos mosquitos etc. Entretanto, não poderia ter desejado nada de mais interessante, pitoresco. O *Raul Soares* é uma das unidades mais modernas da empresa mineira que explora o serviço fluvial desse gigantesco curso d'água. Não é luxuoso, mas proporciona aos viajantes o conforto considerável. Camarotes amplos e bem ventilados ocupam o *"deck"* intermediário, onde fica também a sala de reunião dos passageiros. Aí almoça-se, toma-se café e palestra-se o dia todo. Cadeiras de vime em torno de algumas mesas redondas formam o mobiliário da dependência que os passageiros procuram de preferência, quando a monotonia da viagem não os enfurna nos camarotes para um sono esplenético.

No primeiro dia da viagem ninguém se lembra de dormir, pelo menos os que nunca tiveram oportunidade de apreciar o cenário deslumbrante que se desdobra, maravilhoso e imponente, nas duas margens do grande rio. Além disso, há outros aspectos interessantes. A tomada de lenha, por exemplo. De vez em quando, o "gaiola" encosta num barranco e dá o que fazer aos homens de sua guarnição. Uma verdadeira ginástica se desenrola. Carregando grossas toras de lenha, que apanham nas pilhas bem arrumadas em quantidade determinada, os marinheiros descem pela picada escorregadia, fazendo prodígios de força e equilíbrio, e jogam as achas junto à boca das caldeiras, onde outros homens constroem com os pedaços de tamanho certo uma verdadeira muralha de madeira entre a fornalha e a proa do "gaiola". Quando essa muralha vai baixando, o navio para de novo para reconstruí-la, e assim a viagem se interrompe aqui e ali e os marinheiros repetem a penosa operação.

Os pequenos lugarejos da margem do S. Francisco são motivos também de atração: Manteiga, Guaicuí, Ibiaí, Extrema, Paracatu de Seis Dedos, Bom Jardim, Urucuia são os que se intercalam entre as cidades antigas, casarios velhos e desalinhados, mas que, pela originalidade dos aspectos, revivem páginas passadas da nossa história e das nossas tradições. Assim, apreciamos S. Romão, e, depois, S. Francisco, com a sua imensa igreja, contrastando com as dimensões modestas das demais habitações, espalhadas pelos cantos de uma grande praça, cujo solo o capim pintou de verde.

À medida que a viagem se prolonga vou coligindo dados para completar a biografia do velho pesquisador francês, cuja figura é tão conhe-

ANEXO III

cida em toda a região, como o nome das dezenas de "gaiolas" que sobem e descem o grande rio S. Francisco. Fui feliz nesse propósito, porque consegui provas para fazer um relato sucinto e fiel sobre as aventuras desse perlustrador dos nossos ínvios sertões. Aqui mesmo, a bordo, dou início agora a esse romance, garantindo com absoluta exatidão a veracidade de seu desdobrar, que muitos poderão pensar imaginosa.

Apolinário Frot, desde tenra mocidade, foi sempre um apaixonado pelos estudos. Quanto mais difíceis e complicados, mais atrativos e interessantes para a sua inteligência. Nascido em Paris, ali principiou a carreira escolar, completando-a com distinção. Cursou em seguida a Escola de Minas, Pontes e Calçadas, formando-se em engenharia. Defendeu grau com uma tese das mais brilhantes, que lhe valeu a conquista do prêmio mais almejado pelos engenheirandos: o prêmio de viagem. Percorreu quase todos os países do Velho Continente, formando assim o prestígio da sua personalidade no setor das especialidades técnicas a que se dedicou. As obras então realizadas ganharam fama e o seu nome transpôs fronteiras, tornando-o conhecido.

Depois de ter percorrido quase todos os países da Europa, voltou ao seu país natal, onde já o aguardava um convite do governo argentino para dirigir a construção da estrada de ferro que ligaria Córdoba a Rosário e Buenos Aires. O engenheiro trabalhou longos anos na república vizinha, contribuindo com o seu conhecimento técnico para a execução de várias obras importantes no setor dos serviços públicos do governo daquele país. Em 1889 teve conhecimento da visita de Quintino Bocaiúva a Buenos Aires e, por solicitação do governo argentino, prestou com os seus operários expressiva homenagem ao jornalista da Abolição. Reuniu seus trabalhadores e, quando Quintino desembarcava, viu à sua frente um batalhão de operários prestando-lhe continências, não empunhando fuzis e armas de guerra, mas apresentando em rigorosa atitude militar as armas do progresso: pás, picaretas etc.

Essa singular manifestação de apreço e simpatia calou profundamente no espírito do jornalista brasileiro, que, mostrando-se interessado e reconhecido, fez questão de ser apresentado ao autor da original homenagem e dele se fez sincero amigo e admirador. Quintino, com a sua larga visão de homem empreendedor e patriota, concluiu desde logo que o engenheiro francês poderia prestar inestimáveis serviços ao Brasil e convidou-o a acompanhá-lo quando regressasse ao Rio de Janeiro.

Em 1890 o dr. Apolinário Frot pisava pela primeira vez [em] terras brasileiras. Levado por Quintino, ingressou prontamente na sociedade, travando conhecimento com as figuras mais representativas daquela época. O Brasil estava então sob o governo provisório do marechal Deodoro da Fonseca, e Frot, que se fez íntimo do grande militar, conseguiu diversas comissões oficiais, figurando entre elas a responsabilidade de traçar os planos do futuro porto de São Salvador.

Desincumbiu-se dessa missão e tendo concluído com êxito os seus trabalhos, que o governo aprovou, foi convidado pela empresa que então se formou para explorar o importante empreendimento. Entretanto, os concessionários da construção do porto da Bahia, devido a razões que não vêm ao caso mencionar, não puderam levar de vencida a grande obra e, com a rescisão do contrato, viu-se obrigada a encerrar as suas atividades.

O dr. Apolinário Frot, que já se afeiçoara ao ambiente brasileiro, viu na grande extensão inexplorada do nosso território um campo para a expansão do seu espírito aventureiro. Já havia observado nos arredores baianos interessantes elementos para uma pesquisa histórica em torno da migração dos povos, da formação dos continentes e de outras especialidades científicas, a cujos estudos e observações já se entregara desde o tempo de estudante. Jovem e corajoso, resolveu, portanto, aproveitar o ensejo de conduzir a sua vida a rumos diferentes daqueles que a civilização do Velho Mundo lhe proporcionaria, com grande conforto mas despidos de riscos e emoções, como era do seu desejo. Recusou convites para novas comissões noutros países, desprezou insistentes chamados dos parentes e amigos que o reclamavam em Paris e ficou no Brasil, de onde, quis o destino, não deveria sair, atraído pelo mistério das selvas e sugestionado pela estranha vocação que sempre o dominara.

ANEXO III

E foi assim que Apolinário Frot iniciou as suas aventuras, afastado da civilização e inteiramente entregue ao fascínio das selvas e dos sertões do *"hinterland"* brasileiro.

Terça-feira, 4 de outubro de 1938.

O capitão Pedro Manduca, comandante do fluvial *Raul Soares*, tem maneiras próprias para agradar aos passageiros. Desdobra-se em gentilezas e ele mesmo é quem provoca a aproximação de todos os viajantes. Desconhecidos depressa se tornam amigos e, à tardinha, após o jantar, forma-se no salão a rodinha da prosa fiada. Palestra-se sobre todos os assuntos, e ouve-se rádio. O aparelho habitualmente está ligado com Belo Horizonte, mas desde que se soube que havia entre os passageiros um representante de *A Noite*, a sintonização se fixava na PRE-8, Sociedade Rádio Nacional, e ouviam-se distintamente as últimas notícias da capital da República.

Já as margens do rio S. Francisco se escondiam na penumbra das noites enluaradas, desenhando silhuetas esquisitas no fundo claro-azul do céu, quando o sono dominava os conferencistas. Um a um, iam se retirando. Eu fui o último a procurar o conforto do camarote e assim mesmo para completar, no meu *"carnet"*, os últimos apontamentos sobre a figura original e as interessantes aventuras do dr. Apolinário Frot.

Coube ao Amaral Anjos [sic], o meu guia nessa memorável excursão aos *"hinterlands"* de Minas e Bahia, fazer o relato mais interessante a respeito do perlustrador das selvas brasileiras, que as últimas informações davam como residente em Correntina, cidadezinha que se perdia no alto sertão baiano.

Amaral [sic] dos Anjos, que é sertanista emérito e já percorreu o Brasil e o mundo, colhendo impressões para os seus livros e aprofundando-se em pesquisas mineralógicas, depois de contar como conheceu o dr. Frot, descreve algumas das incursões que realizou em companha desse cientista.

– A aventura mais extraordinária, entretanto – prossegue Amaral [sic] dos Anjos – foi a nossa excursão à Serra do Ramalho. Segundo anotações colhidas pelo dr. Frot em diversas inscrições em Bom Jesus da Lapa, Santa Maria, Januária e outros lugares, foi nessa cordilheira inviolável que o famoso Robério Dias escondeu boa parte da prata retirada das minas que descobriu.[179] Nestas inscrições havia a indicação de uma outra, gravada em determinado lugar da serra, e pela qual se poderia restabelecer o caminho traçado pelo audaz bandeirante até o depósito-esconderijo. Organizamos uma caravana, da qual fazia parte também o prefeito de Santa Maria. Mulas carregadas de mantimento e uma dezena de homens munidos de ferramentas completavam a comitiva. Viajamos durante alguns dias sem incidente, mas, quando chegamos nas encostas da serra, tivemos que redobrar a nossa força de vontade para vencer os obstáculos. A mataria densa formava um trançado que as foices e facões mal podiam derrubar. Durante uma semana não avançamos mais que um quilômetro. Já nos faltava água. Os "camaradas" tinham que ir buscá-la muito longe.

Depois, faltou-nos mantimento, e, afinal, concluímos não ser possível ir adiante. O dr. Frot, porém, não desistia. Teimou que haveria de alcançar, pelo menos, o lugar da inscrição. Não podíamos abandoná-lo e tivemos que segui-lo, enfrentando os transtornos e as desventuras de uma jornada que não se sabia como deveria terminar. Vivemos então como selvagens, alimentando-nos de frutas do mato e caça. A água era tomada nos goles, por medida de economia. Quinze dias depois, chegamos ao local determinado pelos hieróglifos, que o dr. Frot decifrara, mas a inscrição não foi encontrada. Diante desse fracasso, não tivemos dúvida em vê-lo como um visionário. Tanto sacrifício por nada. Era o cúmulo. Todos protestavam. Só o engenheiro francês não se lamentava, como se não se interessasse pela sorte dos companheiros, nem pela própria sorte.

ANEXO III

Enquanto todos mostravam profundo desânimo, ele escrevia, fazia cálculos, rabiscava traços confusos, e confrontava-os, depois, com uma série enorme de documentos do seu arquivo pessoal. No dia seguinte pensávamos iniciar a marcha de regresso e eis que o dr. Frot, com a fleuma de um autêntico predestinado, se recusa a voltar conosco, afirmando que a procurada inscrição deveria estar sob nossos pés.

– "Limpem aqui", ordenou, indicando aos homens um trecho do mato onde uma árvore erguia o seu tronco ereto para o espaço. Limpou-se o terreno, derrubou-se a árvore. "Agora, cavem aqui."

– Os homens feriram a terra com as picaretas e um buraco se abriu até a profundidade de uns dois metros, até ser obstado por uma grande pedra. O próprio dr. Frot raspou o dorso do granito e, pouco depois, dava um grito de vitória. Corremos todos ao seu encontro e ficamos pasmados diante do que nos indicava, vitorioso.

Ali estava a inscrição que ele procurava. Era uma seta encimada por diversos rabiscos indecifráveis, que o professor anotou. Indicava o rumo a seguir até o lugar onde, supõe-se, Robério Dias deve ter escondido o seu imenso tesouro de prata e pedras preciosas.

– Existirá ainda esse tesouro? – pergunta Amaral [sic] Anjos, indeciso. – Apolinário Frot afirma que possivelmente essa fortuna já deve ter sido retirada. Mas, em todo caso, bastaria provar-se a sua existência e o local onde foi guardado para transformar-se, radicalmente, o curso de muitas histórias já contadas e escritas sobre essa bandeira de Belchior Dias Moreira e seu filho Robério. Mas – conclui Amaral [sic] Anjos – quem será capaz de vencer os mistérios da Serra do Ramalho?

São desse gênero os relatos cuidadosamente registrados no meu diário de viagem. À medida que vou ouvindo essas histórias a minha curiosidade se aguça, aumentando a ansiedade de ouvir o próprio dr. Apolinário Frot.

O *Raul Soares* não tem a mesma pressa. A sua gigantesca roda de popa vai esbatendo a água num "toc-toc, toc-toc-toc" monótono, dando a impressão de que tem pena de revolver a correnteza preguiçosa do S. Francisco.

ALFREDO DOS ANJOS: VIAJANTE E CINEASTA LUSO-BRASILEIRO

Quinta-feira, 6 de outubro de 1938.

Estamos em Januária, o maior centro industrial e agrícola da margem mineira do S. Francisco. É uma distração dos habitantes aguardar no cais a chegada e a partida dos "gaiolas". Por isso, quando o *Raul Soares* atracou, tive a impressão de que chegáramos num dia de festa. Tal como fez o sr. Oscar Caetano Gomes, prefeito de S. Francisco, também veio a bordo, avisado da nossa presença pelo interventor da Bahia, o prefeito da interessante localidade mineira.

Além do prefeito, outras personalidades de Januária compareceram a bordo para nos cumprimentar. Alfredo dos Anjos, que por sinal conhece todos os visitantes, faz as apresentações e, estabelecido o convívio, iniciam-se as palestras que versam, naturalmente, sobre a figura do dr. Frot, popularíssimo em Januária. Cada qual se mostra interessado em contar o que sabe da sua atividade científica no sertão.

Quando o "gaiola" largou o porto de Januária, já no meu *carnet* se acumulavam numerosas anotações. Julgo interessante coordenar as que me foram ditas pelo professor Manoel Ambrósio, destacada personalidade de Januária, sertanejo de notável inteligência, autor de vários livros "folk-lóricos" e membro do Instituto Histórico e Geográfico de Minas Gerais.

O professor Manuel Ambrósio conhece perfeitamente as pesquisas feitas pelo cientista francês em todo o sertão baiano acerca da atuação, que diz assombrosa, da bandeira chefiada por Belchior Dias e seu filho Robério. Esse fato, que tem merecido controvérsias por parte dos nossos historiadores, segundo nos afirma o professor de Januária, foi desenrolado em torno das imensas jazidas de prata descobertas pelos sertanistas.

– Essas minas existiram – acentua o professor Manoel Ambrósio – e o dr. Frot prova-o sobejamente através de numerosas inscrições que os bandeirantes deixaram nas diferentes localidades de Bahia e

ANEXO III

Minas. Robério Dias e seu pai Belchior Dias não mentiram à posteridade. História, lenda ou tradição, tudo se confirma pelas gravuras que deixaram nos desvãos e grutas das nossas cordilheiras do interior. Essas inscrições dão hoje testemunho da existência das famosas minas de prata do Brasil dentro da imensa bacia do rio S. Francisco, nos territórios da Bahia e Minas Gerais. Coube ao dr. Frot localizar a primeira em 1924 e as demais, seguindo as suas indicações, foram descobertas por gente nossa, aqui, em Januária, no município de Ribeirão da Cruz.

– Já foram colhidas amostras desse minério, que, estudadas pela Escola de Minas, foram consideradas de ótima qualidade. Outros afloramentos foram descobertos no extremo sul da cordilheira de Itabiraçaba e na Serra do Cantinho, no distrito de Brejo do Amparo e, ainda, na fazenda Jacarezinho, no distrito de Itacarambi. Em todos esses lugares encontram-se numerosas inscrições rupestres, muitas das quais foram decifradas pelo dr. Apolinário Frot. Mas não somente prata – prossegue o professor Manoel Ambrósio – existe em abundância. Descobriu-se também a existência de vários outros minerais: ouro, platina, ferro, manganês, cobre, blenda, zinco, chumbo, mica, antimônio, enxofre, que desafiam a incredulidade dos que duvidam das riquezas do solo baiano e mineiro das margens do S. Francisco.

– Na jazida da Serra do Cantinho, a prata, arrancada duramente com as unhas, rendeu cem quilos.

O professor Manoel Ambrósio tece ainda outras considerações interessantes sobre os trabalhos realizados pelo pesquisador francês e termina acentuando:

– Eu acredito na existência das minas de prata, e acredito também no precioso cabedal desse minério que Robério e Belchior esconderam, ninguém sabe onde, mas que, tudo indica, já não existe mais. Os que vieram depois, guiando-se por indicações mais precisas, naturalmente já encontraram essa fortuna. Entretanto, seria empreendimento dos mais notáveis descobrir-se apenas o local e os vestígios desses depósitos – concluiu o professor de Januária.

ALFREDO DOS ANJOS: VIAJANTE E CINEASTA LUSO-BRASILEIRO

Alfredo dos Anjos, que ouviu também a palavra do professor Ambrósio, confirma, depois, toda a história e pede para que acrescente na minha correspondência a sua abalizada opinião.

– Tome nota do seguinte – diz ele –, o doutor Frot é o único homem capaz de reconstituir minuciosamente todos os passos da bandeira chefiada por Belchior e Robério Dias Moreira. O professor Manoel Ambrósio tem razão. As minas de prata existiram e essa bandeira foi a mais notável de quantas se integraram pelo Brasil adentro, assentando os primeiros marcos da nossa civilização, do nosso progresso e das incomensuráveis riquezas do nosso solo.

Quanto mais pressa, mais vagar – diz o ditado. Quando terminei o meu trabalho, pude observar que o *Raul Soares* tinha bastante diminuída a sua marcha. É que, devido à falta de espaço para novos carregamentos, atracaram ao seu costado, como habitualmente se faz nos "gaiolas" do S. Francisco, uma imensa chata carregada de madeira, fardos de algodão e caixas de aguardente, este último produto uma das maiores especialidades de Januária e famoso em toda a região.

Sexta-feira, 7 de outubro de 1938.

Para chegar até aqui passei mais dois dias a bordo do *Raul Soares*, ouvindo novas histórias de Alfredo dos Anjos, que conta coisas assombrosas acerca das suas viagens. Não sei de um lugar no mundo onde esse mineralogista não tivesse estado. Aconselhei-o a escrever um livro que, no gênero, não teria igual. O meu guia nesta excursão pelo interior do Brasil já experimentou todas as emoções imagináveis. Certa vez, diz ele, escapou até de ser condenado à morte, por ter profanado um templo asiático, no qual a entrada de um branco era o maior dos sacrilégios. Conseguiu invadir a mansão dos deuses disfarçando-se de nativo, mas, uma vez lá dentro, atrapalhou-se com

ANEXO III

as exigências do ritual, desconhecido para ele, e foi descoberto. Processado e condenado à morte, rezava já o seu último "Padre Nosso" quando foi salvo pela intervenção diplomática de Portugal. Mas aqui não há espaço para relatar as aventuras de Alfredo dos Anjos. Tenho outros assuntos relatados por passageiros do "gaiola", pondo em evidência a imensa riqueza da região marginal do rio S. Francisco e os problemas que entravam seu aproveitamento.

Toda a zona marginal do grande curso d'água é de fertilidade sem par. A produção dos campos de cultura chega a ser fabulosa, quando se sabe que nada representam em relação à gigantesca extensão das zonas não aproveitadas. Entre Pirapora, Minas e Juazeiro, na Bahia, o rio completa um percurso navegável através 1.370 quilômetros de terrenos abandonados, sem o menor cultivo, a não ser alguns tratos esparsos, muito distantes dos centros consumidores ou portos de exportação. As áreas aproveitáveis são apenas aquelas que se estendem pelos arredores das cidades mais importantes, como São Francisco, Januária e Manga, na zona mineira, e Carinhanha, Bom Jesus da Lapa, Sítio do Mato, Barra e outras situadas na zona baiana.

Mas, assim mesmo, a produção desses poucos limites de terra aproveitada alcança um total notável, tanto pelo volume como pelo valor das mercadorias exportadas. Que não representariam para o Brasil, portanto, as margens do São Francisco exploradas em toda a sua extensão de milhares de quilômetros quadrados?

Os navios fluviais não dão conta de toda a produção das zonas cultivadas. Além de pequenos, não cumprem tráfego constante devido às vazantes do grande rio. Para evitar interrupções à navegação, seria preciso drenar enormes extensões do seu leito ou abrir canais navegáveis entre os bancos de areia, cujas coroas apontam à flor da água, principalmente entre Januária e São Francisco, logo que se apresentam as épocas de estiagem. Devido a tais inconveniências, acontece muitas vezes uma carga preciosa perder-se completamente no porto de embarque, por falta de transporte. Embora pareça impossível, foi-nos confirmado, em Manga, que na usina de beneficiamento de algodão daquela localidade, uma partida de algumas toneladas de "ouro branco" aguarda, há três anos, a oportunidade do esperado embarque. Desse caso obtivemos ciência pelos proprietários do estabelecimento, que se queixaram amargamente dos prejuízos causados à empresa e ao próprio município pela deficiência de transportes no rio São Francisco.

Será interessante mencionar, para uma comparação, os preços de algumas mercadorias na zona de produção e nos mercados consumidores. Um saco de milho custa na região do São Francisco 5$000 no máximo. Em Belo Horizonte, esse mesmo milho é vendido por preço que oscila entre 24$ e 30$000. Vende-se a mamona por $280 réis o quilo, que, em Pirapora, bem perto, portanto, já alcança o preço de $600. O toucinho, que custa em Belo Horizonte cerca de 30$ a arroba, é oferecido a 15$ nos centros de produção do rio São Francisco. O maior absurdo, porém, não está na realidade dessas multiplicações de preço. O caroço de algodão, por exemplo, verdadeira preciosidade como matéria-prima, nem chega a ser oferecido. Joga-se fora, simplesmente.

São esses os aspectos atuais da prodigiosamente fértil região do São Francisco, que merecem referência para justificarem qualquer providência no sentido de melhorar os meios de transporte do rio São Francisco e aproveitar as imensas reservas econômicas que jazem, completamente desprezadas, ao longo das suas margens.

Mal desembarquei do *Raul Soares* dirigi-me ao hotel, onde o Alfredo dos Anjos encontrou nova roda de amigos para dar vazão aos seus dotes de "conteur" incansável. O dr. Manoel Cícero [de] Magalhães, prefeito da cidade, também conhece o dr. Apolinário Frot e faz referências às pesquisas que o engenheiro francês concluiu no penhasco da Lapa, onde existem importantes inscrições, que conseguiu decifrar. Essa elevação rochosa é um maciço de formação calcária de aspecto originalíssimo, cheia de erosões e grimpas pontiagudas, recobertas, aqui e ali, de plantas agressivas. É a única elevação existente no meio de imensa planície. Do rio São Francisco, muitas horas antes de se chegar a Bom Jesus da Lapa, essa montanha, observada de bordo do "gaiola", assemelha-se a um gigantesco animal pré-históri-

ANEXO III

co em posição de descanso, mostrando apenas, muitos metros acima do nível da campina, o seu dorso levemente encurvado.

Apertado, entre o rio e no longo desse morro esquisito, estende-se o parco casario da cidade. Do outro lado fica o campo de aviação do Correio Aéreo Militar. Precisamente nessa face é que se encontram as inscrições que o dr. Frot teve ocasião de decifrar. Conta-se a respeito dessa pesquisa uma passagem novelesca, que até hoje é relembrada pelos habitantes mais antigos de Bom Jesus da Lapa. Não é possível continuar a escrever no aposento em que me encontro, sob a luz bruxuleante de um candeeiro a querosene. Além disso, o barulho da máquina deve incomodar os hóspedes vizinhos, muito mais, mesmo, do que os mosquitos que zunem teimosamente aos meus ouvidos. Sei que esta noite terei que dar ao bando voraz um pouco do meu sangue, porque o mosquiteiro da minha cama tem cada rombo deste tamanho...

Segunda-feira, 10 de outubro de 1938.

Amanhã, a bordo do fluvial "São Francisco", o navio mais rápido destas plagas, Alfredo dos Anjos e eu venceremos a etapa mais curta que nos separa do dr. Frot, subindo o rio Corrente até Santa Maria. Dali, em lombo de burro, atravessaremos dezoito léguas de sertão bravio para alcançar Correntina, onde, supomos, encontraremos o pesquisador do sertão.

Aproveitei o dia de espera para conhecer melhor Bom Jesus da Lapa e qual não foi a minha surpresa ao concluir as observações. É a cidade mais interessante e original de quantas existem banhadas pelo rio São Francisco. Pitoresca, mas abandonada e sem vida. Somente duas ou três casas de dois pavimentos. As restantes nada mais são do que habitações toscas, caiadas de branco. Calor de rachar. O sol, batendo em cheio no penhasco, que se estende bem atrás das filas do casario, aumenta consideravelmente a temperatura, envolvendo a cidade em revérberos violentos. Em pleno verão fica-se sufocado dentro de casa. Tornando maior ainda o martírio do calor, surgem as "muriçocas", o mosquito do impaludismo, que não deixam em paz o cidadão. Por ocasião das estiagens, secando os pantanais desaparecem esses bandos de anofolinos [sic] e suporta-se melhor o ambiente da localidade. Os habitantes afirmam que as "muriçocas" da Lapa não propagam "sazões". Por causa das dúvidas, todavia, e seguindo conselho de Alfredo dos Anjos, sertanista experimentado, não desprezo a minha dose de quinino. Confiante nessa imunização e não na eficiência dos mosquiteiros é que me considero livre de qualquer surpresa.

Apesar de tudo, Bom Jesus da Lapa adquire em certa época do ano um aspecto inteiramente diverso. Milhares de forasteiros enchem a cidade. As casas de negócio, que nada, ou quase nada, fazem durante o ano, alcançam, num mês apenas, lucros fabulosos. Naturalmente não há hotéis para tanta gente e em torno dessa particularidade instituiu-se uma indústria rendosíssima em Bom Jesus da Lapa: a de construção de casas provisórias, com paredes de barro e telhado de sapé. Verdadeiras palhoças, que são alugadas por um bom preço. Quem salta em Bom Jesus da Lapa depara logo com essas vilas improvisadas de casebres tortos, baixos. Muita gente rica deixa o conforto de suas habitações luxuosas na Bahia, em Belo Horizonte e em cidades importantes da região do São Francisco para disputar em Bom Jesus da Lapa o aluguel dessas choupanas. Esse fato se repete, principalmente durante o mês de agosto, que é o das romarias e promessas devidas ao santuário local.

O santuário de Bom Jesus da Lapa é o templo mais admirável que a meus olhos foi dado observar. Construiu-o a própria natureza, abrindo gigantesca nave no interior de um penhasco enorme, de formação calcária, cuja aparência externa já se assemelha à de uma catedral imensa em estilo gótico, cujas torres e ornamentos são os blocos pontiagudos e as grimpas eriçadas, que desenham formas esquisitas em toda a decorrência do grande bloco de granito. O interior desse

ANEXO III

templo chega a ser imponente. A natureza dispôs tudo de tal forma, que nada lhe falta para ser uma igreja autêntica, criada pelos caprichos da Divina Providência. Os candelabros são as numerosas estalactites pendentes da abóbada de pedra, e os altares, tanto o principal como os demais, são outras tantas grutas de pequeno porte, cavadas ao fundo e de ambos os lados das paredes da portentosa gruta. Acentuando os cuidados dessa maravilhosa arquitetura natural, basta dizer que até os sinos são de pedra! Pedaços de rocha que soam como bronze, emitindo os diferentes sons da escala musical, segundo a grossura e tamanho de cada um. No altar-mor apreciam-se obras notáveis de escultores desconhecidos. No nicho principal encontra-se a histórica imagem de Cristo crucificado, que deu origem ao santuário, guiando, sob o sacrifício de muitas penitências, um monge jesuíta, de nome Francisco [da] Soledade, ao encontro da milagrosa gruta. Aí esse religioso viveu por muitos anos, cumprindo o seu calvário.

Descobriu o templo que Deus lhe indicara no ano de 1711, depois de procurá-lo desde 1690, mais ou menos, quando desapareceu da cidade do Salvador. Mais tarde, o ermitão Francisco [da] Soledade foi ordenado sacerdote e nomeado capelão do Bom Jesus da Lapa. Quando morreu, já a fama de muitos milagres atraía ao majestoso templo intensa romaria de fiéis. Francisco [da] Soledade, segundo a crença, ainda vive dentro da gruta e intercede, em alma, junto a Deus, pelo pedido dos devotos que ali vão implorar as graças do Divino. Num recanto escuro da imensa nave de granito descansam os ossos do ermitão Francisco [da] Soledade, cuja memória todos os habitantes da região veneram com profundo respeito, procurando imitar a sua santa humildade. Hoje, o Santuário da original localidade baiana é a Meca do rio São Francisco e, mais tarde ou mais cedo se tornará, um dia, das mais famosas atrações turísticas, não só do Brasil, mas do mundo inteiro.

Bom Jesus da Lapa, só ela, vale esta viagem.

Chegando ao hotel, ainda sob a impressão da visita ao santuário, coordeno as últimas notas do meu *"carnet"* relativas a um fato interessantíssimo desenrolado em Bom Jesus da Lapa, no qual desempenhou papel saliente o dr. Frot, que sei, agora, morar realmente em

Correntina. Foi o seguinte, cujas passagens, aliás, foram confirmadas pelos mais conceituados habitantes da localidade, inclusive pelo prefeito dr. Manoel Cícero [de] Magalhães.

Nas proximidades de Bom Jesus da Lapa existe um lugarejo chamado Macaúbas, em cujos arredores o juiz de direito da cidade, dr. Godinho, descobriu interessantes vestígios de uma exploração mineira. A entrada da mina, entretanto, parecia ter sido tapada propositadamente por enormes pedregulhos. O fato chegou ao conhecimento da população, que logo vislumbrou na descoberta o encontro de um novo Eldorado. Trataram de pesquisar o local, mas encontraram dificuldades por falta de capital. Formou-se, então, uma sociedade em moldes cooperativistas, talvez a primeira que se organizou no Brasil. Todos os habitantes se fizeram sócios mediante a módica contribuição de quinhentos réis, o preço real das ações distribuídas pela nova empresa. Conseguiu-se, assim, remover os pedregulhos que obstruíram a boca da mina. Era um buraco enorme, que descia em linha vertical a muitos metros de profundidade pelo solo adentro. Alguns mais ousados tentaram descer pela abertura escancarada no seio da terra, mas subiram novamente sem alcançar o fundo. Ninguém mais duvidava que ali dentro haviam riquezas fabulosas. Nessa altura, a coisa se complicou. Não se encontrava um meio de alcançar a fortuna e, para evitar que alguém tivesse a oportunidade de apanhá-lo às escondidas, toda a população, quase, do Bom Jesus da Lapa, homens, mulheres e crianças passaram a dormir em torno do buraco, formando quartos de vigilância. O juiz de direito julgou prudente tomar uma providência e telegrafou para o governador da Bahia, que naquele tempo era o dr. José Marcelino, relatando o caso. O dr. Apolinário Frot encontrava-se em São Salvador. Seus trabalhos já eram conhecidos e o próprio governo, muitas vezes, incumbiu-o de importantes comissões científicas no interior do estado. Era ele, então, o único homem capaz de pôr em pratos limpos as complicações surgidas em torno da propalada mina de Macaúbas. Ele atendeu ao pedido, chegou ao local e, prontamente, munido de aparelhamento próprio, desceu até o fundo do buraco e

ANEXO III

pesquisou-o inteiramente. Verificou que, de cima até certa altura do enorme poço, partiam vários filões de galena argentífera, que depois se bipartiam em inúmeros outros, finos como raízes, até desaparecerem. Terminado o trabalho, fez ver aos interessados que nada daquilo tinha valor. Foi um custo para que todos confiassem na palavra do cientista. Se não tinha valor, por que então taparam o buraco com tanto cuidado?

– É que os antigos – explicou o dr. Frot – acreditavam que os minerais cresciam como as plantas. Quando descobriam um filão sem importância, tratavam de escondê-lo para procurá-lo alguns anos depois, certos de que com o passar do tempo o veio mineral cresceria, tomaria proporções e se transformaria numa fonte de riqueza digna de ser explorada com bons resultados.

– Mesmo assim – concluiu o nosso informante – muita gente ficou pensando que o doutor Frot agira com segundas intenções e só desistiram de explorar a mina de Macaúbas quando souberam, com toda certeza, que ali realmente não existia[m] nem duas gramas de prata...

Terça-feira, 11 de outubro de 1938.

O *Expresso do Rio S. Francisco* é bem menor, mas muito mais rápido que o *Raul Soares*. Já estamos navegando em pleno rio Corrente.

A última cidade do rio São Francisco que ficou para trás foi Sítio do Mato. Povoação típica da margem da formidável via fluvial que atravessa cinco estados do norte brasileiro. Como as demais, apenas algumas casas reunidas, desta vez em torno de uma praça, onde uma igreja pequenina dá impressão bem viva da nostalgia ambiente. Os vapores atracam com dificuldade, causando sérios aborrecimentos às lavadeiras que trabalham à beira-rio. O fundo chato da embarcação, roçando o fundo do rio, revolve o lodo que suja e torna encardidas as peças que as mulheres alvejam com grande esforço. O que vale é que o sabão é barato. Nasce no mato. É só apanhar um punhado de folhas de melão de S. Caetano e esfregar na roupa. A espuma é abundante e tira todas as manchas. Essa planta pertence ao rol das ervas milagrosas que enumera nessas regiões espécimes medicinais para todas as doenças, mesmo para as que são consideradas incuráveis. É voz corrente entre as populações ribeirinhas do São Francisco e afluentes, que "Deus dá a doença, mas também dá o remédio...". As folhas do melão de S. Caetano, por exemplo, curam diversos males, desde as lombrigueiras até a maleita.

Sítio do Mato, apesar da sua aparência simplória, é um grande empório de algodão e madeiras. Pilhas e mais pilhas desses produtos se amontoam, aqui e ali, ao longo do cais natural. Há próximo ao ponto de embarque uma usina para beneficiar e enfardar algodão. Este último trabalho é realizado por forma primitiva. Uma rosca sem fim gigantesca, que vai apertando o produto dentro de uma caixa, à medida que um homem, atrelado ao travessão da peça, vai correndo, correndo sempre, dando voltas sem conta em torno da máquina de prensagem. No fim do dia, como não estará esse mortal que realiza trabalho igual ao de um animal de tiro?

O rio Corrente, que o "gaiola" São Francisco vai cortando rapidamente, abrindo sulcos de esmeralda no seu leito cristalino, é diferente da maioria dos afluentes da caudalosa hidrovia do Brasil central. A transparência e coloração das suas águas são particularidades interessantes.

Como o rio São Francisco, que na sua embocadura mancha o oceano num semicírculo de dezenas de quilômetros, o rio Corrente ao desembocar no São Francisco, abre um imenso leque verde cristalino no lençol revolto das águas cor de barro do grande rio-tronco. O encontro das águas é visível, pois só a custo se confundem sem deixar vestígios.

O capitão Joaquim Porto, comandante do "gaiola", que nos conduz a Santa Maria, descreve-nos, empolgado, a riqueza que se perde no recesso das margens inexploradas do rio Corrente. Fala-nos em jazidas de minérios de todas as espécies, em florestas seculares que nenhum

ANEXO III

ser humano conseguiu desbravar e, ainda, nos animais bravios que ali vivem: onças, caititus, capivaras, guaxinins, guarás, macacos, tamanduás, raposas, preás, veados, quatis etc., sem falar nas cobras. Destas consegui reunir no meu *"carnet"* uma variedade enorme: alicranso [sic], papa-pinto, surucucu, calhandra, murussanga [sic], costela-de-vaca [sic], jararaca, coral, quatro-presas [sic], urutu, surucutinga, víbora, bomba, caninana, jiboia e, finalmente, a gigantesca sucuriúba, a maior e mais perigosa de todas, considerada o terror do sertão baiano.

Vive nos remansos e nos igarapés dos rios e lagoas e é traiçoeira. Alcançando um infeliz, envolve-o no seu laço e não larga mais. Depois, prende-o nos dentes e deixa-o morrer aos poucos, extenuado pela luta. A sua cauda se enrosca no tronco de uma árvore ou numa raiz, e, assim ela dá folga aparente à sua presa, que se julga liberta e tenta fugir. A sucuriúba vai se desenroscando, vai dando "corda". Quando está esticada de todo, puxa, num safanão violento, a vítima, que estertora sob a pressão trágica dos seus anéis constritores. Esse episódio se repete até que a presa desfaleça. A sucuriúba não ataca o homem pela frente. Quem vir uma, não deve, em hipótese alguma, dar-lhe as costas, se quiser escapar com vida.

Das palestras de bordo com os passageiros vale a pena destacar a que mantive com um fazendeiro, em Pirapora, que conhece muito bem o dr. Apolinário Frot e contou-me uma das mais interessantes aventuras desse velho pesquisador das "jungles" brasileiras, a quem veremos quando chegarmos a Correntina. Enquanto isso, minha curiosidade vai se aguçando ao registrar esses episódios extraordinários, cercados de mistério, que fazem do erudito francês.

— Esse doutor Frot — principiou o fazendeiro —, conheci-o em Pirapora, quando, como hóspede da pensão Lima, escrevia parte do seu trabalho sobre a migração dos povos e sobre a bandeira de Belchior Dias. Com relação a esse último detalhe dos seus estudos, sei que o dr. Frot está ansioso por concluir uma pesquisa que pretendia levar a efeito ao alto do Morro Pintado, que é precisamente aquela elevação que o senhor vê daqui de bordo, visando o ponto mais alto da Serra do Ramalho.

Segundo o dr. Frot, existe naquele pico um precioso vestígio deixado pelos componentes da bandeira de Belchior e Robério Dias. Trata-se de um verdadeiro monumento erguido com blocos de pedras de mais de uma tonelada cada uma, e levados, não se sabe como, até o cimo do penhasco. Construíram-no para ocultar a entrada de uma gruta, onde ocultaram muitas toneladas de prata extraídas das minas, que Belchior e seu filho Robério descobriram nessas paragens. Mas – acentuou o nosso informante – apesar de todas as tentativas, o incansável explorador nunca conseguiu chegar até lá. Só uma expedição organizada em excelentes condições e com bons recursos financeiros poderá um dia desvendar o enigma indecifrável do Morro Pintado. Sei que essa é uma das maiores aspirações atuais do homem que o senhor procura. Da última vez, a tentativa ia custando caro ao dr. Frot. Chegou até o meio do caminho, mas quase morreu de sede e teve que retroceder. Pretendeu organizar nova caravana, mas não conseguiu, porque ninguém se atrevia a enfrentar os obstáculos, não só por causa da complicada topografia local, como também pelo receio que tinham de serem apanhados pelos selvícolas que habitam o sopé da misteriosa montanha. Afirmam os "sabidos" que esses índios receberam dos seus ancestrais a incumbência, que cumprem religiosamente, de guardar os fabulosos tesouros em prataria e pedras preciosas, que Robério e Belchior esconderam nas entranhas do Morro Pintado.

– O doutor Frot acredita nessa lenda?

– Nunca chegou a confirmá-lo. Todavia – concluiu o fazendeiro –, ele tem firme a convicção de que naquele morro existe algo de precioso, pelo menos com relação a essa incursão desbravadora dos ínvios sertões de Bahia e Minas, que, nos meados do século XVI, plantou os primeiros marcos da nossa formação histórica.

Foi a procura das minas de prata de Robério e Belchior que suscitou, depois, outras bandeiras que penetraram fundo nos mais afastados rincões da nossa pátria, deixando como vestígio da sua passagem o traço luminoso de uma raça em formação.

ANEXO III

O fazendeiro termina aí a singular história do Morro Pintado. Mas, em seguida, como se adivinhasse a minha curiosidade insatisfeita, acrescentou:

— O senhor vai ficar surpreso quando o doutor Frot descrever com precisão de datas, de lugares e de nomes o que foi e o que fez essa bandeira de 1.200 homens, militarmente organizados, chefiados por Belchior Dias, e que possuía nos seus quadros de técnicos especializados verdadeiros peritos em matéria de geologia, cartografia, botânica, mineralogia, astronomia e outras ciências conhecidas naquela época.

A essa altura, o Alfredo dos Anjos vem ao meu encontro, subindo, apressado, pela escada do "*deck*" inferior do "gaiola", e exclama:

— O homem está em Correntina! O doutor Frot! Acaba de me informar isso, com toda a segurança, o ambulante dos Correios de Santa Maria, que há uma semana lhe levou correspondência.

Que alívio!

Quarta-feira, 12 de outubro de 1938.

O *S. Francisco* me pareceu mais lento ainda que o *Raul Soares* depois que o ambulante dos Correios desfez as últimas dúvidas que ainda subsistiam acerca do encontro do dr. Frot em Correntina. Estava certo, agora, de que o encontraria.

Por ocasião do "*lunch*", convidei o funcionário postal a tomar parte na nossa mesa para que contasse tudo quanto soubesse acerca do sábio de Correntina. O Alfredo dos Anjos e eu crivamos o oportuno informante de perguntas.

O dr. Apolinário Frot, apesar da sua avançada idade, não abandonou os estudos. Todo o seu tempo é tomado em completar uma interessante obra coordenando elementos colhidos em numerosas pesquisas levadas a efeito em todo o sertão mineiro e baiano. São

ALFREDO DOS ANJOS: VIAJANTE E CINEASTA LUSO-BRASILEIRO

cópias, desenhos e esquemas de inscrições rupestres colhidas no transcurso das suas incursões, o que, hoje, formam rica e variada coleção do gênero. Todas essas insculturas, segundo nos foi dito, foram convenientemente traduzidas e valem por documentações extraordinariamente valiosas para a reconstituição de um passado histórico muito controvertido, tanto sobre a migração dos povos como sobre a atuação da bandeira chefiada pelo descobridor das minas de prata.

Apesar das informações afirmadas e reconfirmadas que anotei no meu "*carnet*", não me cabe aqui esclarecer nada de positivo com relação ao vulto ou à solidez dos argumentos em que se apoiou o pesquisador de Correntina para tecer o complexo emaranhado das suas ousadas conclusões na perquirição de épocas remotas. Isso caberá aos entendidos. Seguindo as instruções, a minha missão consiste apenas em procurar o dr. Frot e, se encontrá-lo, ouvi-lo e dele obter minuciosas informações. Só isso basta para justificar o dispendioso e difícil empreendimento jornalístico, que dará ensejo a uma reportagem fora do comum. Será o relato de uma existência verdadeiramente novelesca, vivida através de quarenta anos de extraordinárias aventuras no seio bravio das "jungles" brasileiras, entre perigos e sensações inúmeras, enfrentando feras, curtindo privações sem conta longe de todos os recursos e afastado da civilização, e impulsionada apenas pelo nobre desejo de levar de vencida os seus estudos.

Sem entrar no mérito íntimo de seus trabalhos, o certo é que a ninguém será dado negar o valor da acertada ou erradamente pertinácia do desprendimento e da abnegação com que conduziu sua vida de isolamento voluntário no recesso dos sertões brasileiros, chegando até a ser cacique de uma tribo de selvícolas. Não há dúvida que nessa existência erradia teve que pôr à prova um espírito de sacrifício edificante. A vida do dr. Frot é um verdadeiro romance que ele mesmo nos contará. O que ele fez, será relatado como sequência lógica.

Depois de ouvir o ambulante dos Correios de Santa Maria, passei a tarde combinando com o Alfredo dos Anjos os planos do nosso próximo "raid" de Santa Maria a Correntina. Seria a última e, ao mesmo tempo, a mais difícil etapa da nossa excursão, e deveria ser empreen-

ANEXO III

dida sem perda de tempo, logo que chegássemos a Santa Maria. A viagem continua otimamente e deveremos alcançar a pequena cidade da margem do Corrente amanhã cedo, conforme nosso desejo.

É noite já. No salão, ficaram apenas seis passageiros. Mas não conversam. Como eu, debruçados na amurada, extasiam-se com a poesia que vai em torno do "gaiola". Uma sertaneja canta ao violão, enquanto, sobre o espelho das águas, a lua brilha, esplendorosa...

O *São Francisco* atracou às 10 horas, no pequeno porto de Santa Maria, um dos poucos que possuem o enrocamento de um cais de verdade. A cidade é pitoresca, embora simples como as outras da região. Uma grande praça, onde desembocam todas as ruas, pequenas, estreitas e tortuosas, traçadas sem a menor veleidade urbanística.

Saltamos debaixo de uma chuva torrencial e, satisfazendo a vontade do Alfredo dos Anjos, fomos, em primeiro lugar, visitar o prefeito, que é seu velho amigo e foi companheiro do dr. Frot numa das mais arriscadas excursões: - a da Serra do Ramalho, cujas passagens tive oportunidade de relatar, conforme me foi contada a bordo do *Raul Soares*, pelo meu guia nessa aventurosa reportagem. O prefeito confirma totalmente esse relato e acrescenta sua admiração incondicional pelo dr. Frot, dizendo ser ele a criatura de maior valor até hoje aparecida nos sertões da Bahia.

A palestra ainda se prolongou, versando vários assuntos relativos à personalidade e aos trabalhos executados pelo erudito sertanista. Seria interessante relatá-los, mas não há tempo a perder.

Estou escrevendo correspondência principiada a bordo do *São Francisco*, na pensão em que nos hospedamos. Enquanto martelo o teclado da minha "portátil", sob os olhares curiosos da dona, que, parece, nunca vira máquinas de escrever, o Alfredo dos Anjos está tomando providências para a nossa excursão a Correntina. Terá que arranjar um guia e diversos animais. Se conseguir tudo isso, hoje mesmo partiremos para o afastado rincão do interior baiano.

Às 15 horas, o meu "cicerone" tinha tudo pronto e apareceu-me para dizer que a partida estava marcada para as 17 horas. Mal pude concluir o meu trabalho. Tive que arrumar a bagagem, separando o que deveria ficar na pensão e o que deveria seguir conosco. Efetivamente, pouco antes das 17 horas, o "cabra" Domingos, que vai ser o nosso guia através do sertão, arrumava em três animais de carga os volumes da viagem e dentro em pouco estaremos a caminho, dispostos a vencer, dentro do prazo mais curto possível, os 72 quilômetros de distância que nos separam de Correntina.

Sábado, 15 de outubro de 1938.

Quando deixei Santa Maria, numa tarde chuvosa e já à boca da noite, não atendi aos conselhos do "cabra" Domingos, nosso guia nesse trajeto difícil. A pressa de chegar a Correntina removia, de início, todos os obstáculos. Queria pôr-me a caminho, não importava como. Dessa pressa resultou a impossibilidade de arranjar animais de montaria. Saímos de Santa Maria cavalgando animais de tropa, aproveitando o regresso do nosso contratado, que chegara horas antes com uma carga de algodão. Escolhi a mula mais vistosa do rebanho, a "Morena". Tinha pertencido a um coletor federal. Deveria ser, portanto, a melhor montada. Mas qual! "Morena" não se lembrava mais da marcha macia dos animais de montaria. Trotava violentamente, sacudindo o cavaleiro, como se fosse um fardo qualquer do seu transporte habitual.

O pior foi quando a noite nos alcançou dentro da mata. Mesmo de mal se enxergava a trilha do caminho, que se perdia sob a vegetação luxuriante. De noite não se avistava um palmo diante do nariz. Nem a própria cabeça do animal. Sabia dos meus companheiros, apenas ouvindo-lhes a voz. Domingos é um palrador incorrigível. Suas histórias, entretanto, ao invés de suavizarem as agruras da jornada, obrigavam-me, pelo contrário, a ver, nas trevas, vultos imaginários de salteadores e animais ferozes. Os mais céticos ficariam impressionados. Não acreditava nessas visões, mas imaginava como bem possível uma

ANEXO III

emboscada do próprio homem que nos guiava. Sempre de alcateia, apalpando a minha arma, eu dominava impressões desagradáveis.

De vez em quando, Domingos interrompia suas histórias e aconselhava:

— Chefe, largue as rédeas. Deixe o caminho por conta da "Morena"...

A certa altura, percebi que o Alfredo dos Anjos desaparecera. Onde se teria metido? Domingos garantiu-me que ele se adiantara. O animal dele é mais apressado.

— *Nois cá, vamos memo nesse andá. Num dianta corrê...*

Não adiantava mesmo. Agarrado à sela, fazendo com uma das mãos defesa para os olhos, lá ia eu. De momento a momento, um galho de árvore me fustigava o corpo e, várias vezes, não fosse a improvisada viseira, alguns deles ter-me-iam alcançado a vista... "Morena" escolhia o caminho para ela e não se importava com o resto. Quem ia em cima que se defendesse...

Pensava justamente onde iria parar, quando, repentinamente, o animal dá um salto violento dentro das trevas. Instintivamente, procurei as rédeas, para retomar o controle da situação. Era tarde. Senti que estava perdido. De cambulhada, eu e o animal, rolamos um barranco. Foi tudo num segundo, mas o bastante para pensar que o precipício não teria fim. Felizmente, a trajetória terminou dentro do lamaçal. Tive a impressão de ter caído dentro de uma imensa lata de marmelada. Ainda bem. Apalpei-me e senti, apenas, o lençol de lama, que me cobria da cabeça aos pés. No mais, estava todo em ordem. Nenhum ferimento, a não ser alguns arranhões sem importância. A "Morena", ao meu lado, dava suas primeiras provas de docilidade. Parecia esperar que eu retomasse a sela.

Foi um acidente desagradável, mas cujo desfecho me trouxe maior tranquilidade ao espírito. Serviu para desfazer todas as dúvidas com relação à fidelidade do meu guia. Domingos, ao perceber o acontecido, veio, solícito, ao meu encontro, prestando-me valioso auxílio. Daí em diante tornou-se um amigo dedicado. Ele próprio procurou a minha arma, que caíra dentro da lama.

347

ALFREDO DOS ANJOS: VIAJANTE E CINEASTA LUSO-BRASILEIRO

– "Pau de fogo", nessas bandas, "seu" Carlos, vale mais que dinheiro no bolso de gente pobre... Como está, não vale nada, mas tenho um que não nega tiro... *Támo garantido.*

Continuamos a jornada. Às 10 horas, com grande satisfação, vi uma luzinha tremeluzir através da ramaria. Seria ali a nossa primeira pousada. Quando chegamos, encontramos o Alfredo dos Anjos à nossa espera.

Pela primeira vez, dormi numa rede. Mas, que sono delicioso!...

No dia seguinte pretendíamos sair cedo. Contudo, a dificuldade para reunir os animais, perdidos num pasto imenso, atrasou-nos a partida. E depois, não foi possível recusar o convite para o almoço, que o bom homem nos ofereceu com insistência. Contra os hábitos, deu trabalho a toda a família, para que o repasto ficasse pronto o mais cedo possível.

Às 10 horas estávamos de novo em caminho. A "Morena" tomou banho no rio, os arreios estavam limpos da lama que o sujara, e eu me sentia disposto a vencer, de uma só assentada, a distância que ainda nos separava de Correntina e de Apolinário Frot, a cujo respeito me foram contadas novas aventuras pelo homem que nos ofereceu a primeira pousada.

A minha mula, todavia, continuava rebelde às marchas mais apressadas e ficava sempre para trás, teimando em fazer o que bem queria. Como já mencionei, tinha pertencido a um coletor federal e, por isso, logo que avistava uma casa, embarafustava pelos cercados e chegava até à porta. Enquanto não viesse uma pessoa, trocasse algumas palavras ou lhe desse uma espiga de milho, não saía do lugar, bem instruída dos hábitos funcionais do antigo dono. Fazia lembrar a história daquele general, que comandou uma parada no cavalo que o leiteiro do lugar lhe emprestara. Em determinadas ruas, o animal estacava diante de uma porta, paralisando toda a imponência da passeata militar, e não havia jeito de andar enquanto a "freguesa" não chegasse à porta para dizer se queria ou não queria leite... Assim era a "Morena".

Todavia, não foi esse o atraso maior, e sim um tombo que Anjos levou, arrebentando a cilha do animal que montava. Chegara a vez

ANEXO III

de meu amigo pagar o seu tributo a essa aventurosa viagem através do sertão. Um garoto, que surgiu dentro do mato, acenou, irrefletidamente, com uma grande vara para a sua montada. A mula corcoveou, sacudindo o cavaleiro por cima da cabeça. Foi um tombo notável. Quase que o Alfredo dos Anjos bate de cheio sobre o tronco de uma árvore. Por causa da cilha, que arrebentou, perdemos três horas de avanço. Não havia modo de consertá-la e tivemos que esperar numa pousada extraprograma a chegada do dono da casa, para que nos emprestasse um novo arreio.

Em todo o caso, tirei partido dessa interrupção. Dentro de poucas horas, deverá passar por aqui um ambulante de Correntina, a caminho de Santa Maria. Aproveitei o ensejo para "bater" na minha "portátil" a presente correspondência, a fim de entregá-la ao oportuno portador.

Domingo, 16 de outubro de 1938.

A minha primeira impressão de Correntina foi desoladora. Eram 23 horas e a cidade estava imersa em profunda escuridão, que só não era completa porque de distância em distância havia um lampião de querosene, iluminação a cargo de um garoto que encontramos na praça deserta da cidade. Munido de uma escada e de um tabuleiro com várias lamparinas sobressalentes, o menino ficava vigiando o lampadário. Quando uma se apagava era prontamente substituída. Esse vigia das lamparinas nos conduziu à melhor pensão de Correntina. Casa modesta e asseada. A dona foi que se sobressaltou com a aparição de hóspedes àquela hora. Mostrou-se gentil, contudo, e preparou-nos banho e jantar.

Uma das primeiras perguntas a que a dona da pensão nos respondeu foi sobre o dr. Apolinário Frot, dizendo-nos que o homem que tanto nos preocupava era tudo em Correntina.

349

ALFREDO DOS ANJOS: VIAJANTE E CINEASTA LUSO-BRASILEIRO

– Todos aqui gostam dele. Mora aqui perto. Mas – acentuou a boa senhora – os senhores não vieram buscá-lo, pois não?

– Não, senhora. Queremos apenas que ele nos conte o que tem feito, as suas aventuras e outras coisas acerca de sua obra, que dizem ser notável.

– Eu não entendo muito do que ele faz. Vive desenhando mapas e estudando rabiscos complicados. Os homens inteligentes do lugar tratam ele de sábio. Dizem que inventou uma coisa que vai virar o mundo de pernas pr'o ar, mas eu, francamente, não chego a perceber o que seja...

Aí houve uma interrupção. A dona foi à cozinha fritar mais um ovo para o Alfredo dos Anjos. Assim que voltou, enxugando as mãos no avental de chita, retomou o fio da palestra:

– Mas ele é muito bom, moço. O senhor não faz conta.

– Aqui em Correntina não se arreda uma palha do lugar sem primeiro perguntar ao doutor se pode "sê"... Tão bom como ele é o coronel Félix [major Félix Joaquim de Araújo], o "perfeito". Os dois se entendem e, por isso, os que vêm de fora "diz" que Correntina é um paraíso. Não se briga, não se questiona... Tudo vive em "família"...

O relato prosseguiu até o fim do jantar e a mulher ainda nos contou feitos singulares do dr. Frot, como pacificador dos lares, como consultor, como conselheiro, como juiz de paz honorário etc.

Apesar de esfalfados, acordamos cedo. O Anjos já tinha ido tomar banho no rio. Munido de toalha e sabonete, fui ao seu encontro, mas no caminho abordou-me um cavalheiro gentil, delicado. Era o prefeito, [major] Félix Joaquim de Araújo.

– Não se incomode. Não interrompa o seu banho. É a melhor coisa que existe na cidade. Vou até aproveitar a companhia. Um momentinho que eu já volto.

Dentro em pouco voltava o [major] Félix, munido também de toalha e sabonete. À medida que caminhávamos, o prefeito me dava explicações sobre esse detalhe pitoresco dos banhos de rio em Correntina.

Há na localidade, muito bem construído, um banheiro para mulheres, cujos muros avançam até o meio das águas tranquilas, for-

350

ANEXO III

mando uma esplêndida piscina. O banheiro dos homens fica muito mais distante. Vale a pena, todavia, a caminhada, porque nada mais delicioso do que um banho nos remansos marginais do rio que atravessa a pitoresca cidade sertaneja.

De volta da "praia", o prefeito Félix aproveitou a caminhada para falar do nosso homem.

– Quando chegarmos à pensão deverá estar à nossa espera. Mandei avisá-lo de que os senhores tinham chegado, conforme informara o meu amigo Alfredo dos Anjos, quando se dirigia para o rio.

– Pelo que me contam deve ser um homem extraordinário? - interroguei, recordando episódios que anotei no transcorrer da viagem.

– Tudo isso é verdade. Fui até testemunha de alguma dessas passagens e, na minha opinião, o doutor Frot é simplesmente um homem fora do comum. Aqui em Correntina é endeusado pela população. Todos o conhecem e estimam como se fosse da própria família. A sua palestra é atraente e, apesar da idade, goza de uma saúde de ferro.

– Todos os dias – diz que é para não perder o hábito – dá uma longa caminhada a pé, fazendo inveja a muito rapazinho novo... Já se radicou de tal forma no lugar que não troca esta pequena localidade por qualquer outra onde poderia viver, se quisesse atender a insistentes convites que continuamente vem recebendo. Basta dizer – acentuou – que ele já defendeu Correntina de armas na mão e a salvou de uma invasão que tínhamos como certa.

– Como foi isso?

– É uma história muito interessante. Vale a pena contá-la.

E o [major], obrigando-nos a atrasar mais um pouquinho o passo, principiou:

– Foi há muitos anos. Por questões políticas vivíamos em brigas constantes com uma das cidades vizinhas. Eram brigas sérias. Certa vez recebemos o aviso de que Correntina seria atacada. Num instante recrutamos todos os homens válidos e partimos ao encontro do inimigo. Este, porém, se adiantara bastante e nos apanhou de surpresa. Conseguiram assim transpor as nossas linhas e avançaram sobre a cidade.

– Saímos em perseguição dos invasores, certos de que já os encontraríamos senhores da situação. Mas alguns quilômetros antes notamos as forças inimigas entrincheiradas sob cerrado tiroteio. Aproveitamos o ensejo e encurralamos os rebeldes que, atacados pela frente e por trás, debandaram desordenadamente. Estava salva a cidade. Soubemos depois o que se tinha passado.

– O doutor Frot, que não permitimos nos seguisse, não ficara inativo. Enquanto os homens partiam para a luta, correu de porta em porta, recrutou todas as mulheres e assim organizou um pequeno exército armado com material de toda espécie, desde o revólver até o cabo de vassoura. Com esse contingente feminino enfrentou o inimigo, que contava com tudo, menos com essa recepção furiosa. Os preparativos foram tão minuciosos que se os rebeldes entrassem na cidade teriam que enfrentar em último caso um banho de água fervendo. Em cada residência, ficaram diversas panelas cheias d'água sobre o fogo... – terminou o [major] Félix Joaquim de Araújo.

– "Seu" Carlos, o doutor Frot está aqui à sua espera.

Foi com essas palavras que a dona da pensão me recebeu, na porta da casa. Entrei pressuroso até a sala de jantar e encontrei de fato o homem que motivou essa aventurosa reportagem no sertão. Mal me viu levantou-se da rede onde repousava e apresentou-se:

– Aqui estou eu às suas ordens. Não repare nos meus trajes. Mas aqui não se usa de cerimônias e eu, além de tudo, sou velho...

Seguiu-se então a explicação minuciosa que lhe fiz sobre os motivos que levaram *A Noite* a me encarregar de procurá-lo.

– Queremos que o senhor nos conte a sua vida. Sabemos das suas aventuras e também, embora por alto, dos seus trabalhos. Creio que o senhor não se furtará a nos contar como passou e o que fez durante seus quarenta anos de peregrinação estudiosa nos sertões do Brasil.

– Meu amigo – respondeu. Se o senhor dispõe de tempo pode contar com um mês inteiro para ouvir tudo quanto me é possível descrever acerca da minha vida. Para tomar conhecimento do meu trabalho um mês só não bastaria. Nesse caso desejava de preferência

ANEXO III

que o senhor examinasse as documentações existentes no meu arquivo e tirasse as suas próprias conclusões.

– Como vê, tudo isso reclama tempo.

Depois de silenciar algum tempo, dando expansão, talvez, a novos planos, o dr. Frot acrescentou:

– O melhor será fazer um resumo de tudo quanto sei. Vá amanhã à minha casa e começaremos a história. Vou coordenar os primeiros capítulos da parte que mais lhe interessa. Da outra, que considero a mais importante, falaremos depois.

Terminada essa primeira entrevista, o dr. Apolinário Frot despediu-se, marcando o grande encontro para o dia seguinte às 8 horas. O Alfredo dos Anjos acompanhou-o até a residência e quando voltou não ocultou a sua satisfação, gritando aos meus ouvidos.

– Ora, viva, "seu" Carlos! Agora é que a história mais assombrosa de todos os tempos vai começar.

Confessei ao meu amigo que também estou ansioso por ouvi-la.

Terça-feira, 18 de outubro de 1938.

Ainda não eram 8 horas quando eu e o Alfredo dos Anjos partimos ao encontro do dr. Apolinário Frot. Havia chegado o instante culminante da missão, cuja responsabilidade se dividia entre nós ambos e, por isso, vencemos o percurso até a casa um pouco emocionados. O pesquisador das selvas mora em companhia de uma família que nos recebeu muito gentilmente e nos conduziu, logo, ao aposento do ancião. Estava escrevendo quando entramos e, sem interromper o trabalho, pediu que esperássemos.

Modestamente guarnecido o quarto. Poucos móveis. Mas os livros espalhavam-se por todos os recantos. Numa estante se enfileiravam centenas de volumes. Sobre a mesa, onde escrevia, contamos

ALFREDO DOS ANJOS: VIAJANTE E CINEASTA LUSO-BRASILEIRO

umas vinte pastas de cartolina, cada qual com um título designando diferentes capítulos da obra que estava concluindo. Havia ainda, sobre a mesa, reproduções a "nanquim" de inscrições complicadas e numerosos mapas, que assinalavam a localização de outras tantas esculturas descobertas, cuja tradução já estava feita.

– Por onde deverei começar a minha história? – perguntou o dr. Frot, mandando que tomássemos lugar ao seu lado. Sei que os senhores vieram de preferência ouvir minhas aventuras. Entretanto, considero essa parte menos importante do que os motivos que me levaram a enfrentá-las, através de quarenta anos de lutas e de estudos na semibarbárie dos sertões brasileiros. Creio mesmo que deverei aproveitar essa grande oportunidade para divulgar um pouco do que fiz nesses quarenta anos de pesquisas. É indispensável que fale sobre isso, quando mais não seja, para mostrar o que há de realidade e de positivo nas minhas conclusões.

Depois de uma breve pausa, o dr. Frot prosseguiu:

– O senhor acredita que um homem fosse capaz de se apaixonar de tal forma por um estudo, a ponto de desprezar tudo que há de bom na vida? O convívio da família, o conforto do lar, o prestígio de cargos honoríficos e até a existência distraída das grandes metrópoles? Acredita que alguém fosse capaz de gastar o último ceitil do seu bolso para levar de vencida uma obra que, provavelmente, não recuperará o valor de muitos sacrifícios?...

Olhou-me firmemente, com os seus olhos azuis, que óculos de grau aumentavam bastante, e, como não obtivesse resposta, acentuou:

– Pois, se não acredita, pode, desde agora, modificar a sua opinião. Está na sua frente esse homem. Não importa que esses quarenta anos não recebam a devida compensação. Estou velho, não tenho ambições e sinto-me satisfeito por ter cumprido minha missão na terra de modo diferente. Deixo para os que vierem toda a bagagem dos meus trabalhos. Mais tarde, ou mais cedo, minhas conclusões se confirmarão e o mundo ficará sabendo de muita coisa que até então ignorava.

ANEXO III

Outro intervalo. Desta vez, o dr. Frot tira os óculos e, à medida que limpa os vidros, com um enorme lenço de chita, vai continuando nas suas ponderações:

– O que eu faço questão que se diga é que não sou um visionário. Eu mesmo me reconheceria, não um visionário, mas um louco autêntico, se me entregasse à estupidez irreparável de perder tempo, dinheiro e outras coisas mais, só pelo prazer de pretender alcançar uma estrela com a mão. Sei bem o que é possível e o que é impossível. Apesar da minha idade, faço a distinção das coisas com a mais absoluta clareza.

O cientista falava com segurança. Media as palavras com os acertos da sua cuidadosa reflexão. A certa altura da palestra, afirmou que desejava que os entendidos se manifestassem acerca dos seus trabalhos e que todas as documentações colecionadas estavam à disposição dos que se interessassem pelo assunto.

– Os senhores estão vendo estas pastas, estão vendo estes desenhos, mapas, reproduções etc.? Pois tudo isso é o fruto dos meus quarenta anos de sertão, são comprovantes que desafiam contestação. Cada um representa um resultado, mas um resultado positivo, baseado em dados que não admitem dúvida. A localização geográfica de cada ponto poderá ser facilmente verificada. Muitas eu já as verifiquei e poderão dizer que as vi primeiro para localizar depois. Mas inúmeras outras estão marcadas e são totalmente desconhecidas, por se encontrarem em pontos completamente inacessíveis. Estas, pelo menos, falarão a meu favor, quando forem descobertas. Estes documentos, meus amigos, afiram detalhes históricos inteiramente desconhecidos com relação à migração dos povos, há milênios passados e, ainda, o itinerário, a atuação e os resultados da famosa bandeira de Belchior e Robério Dias Morêa, que, nos fins do século XVI, perlustrou o *"hinterland"* inexplorado do Brasil, descobrindo verdadeiros tesouros que a terra escondia nas suas entranhas. A respeito desses dois assuntos, descobri pela leitura das inscrições, toda a verdade. Estudando as insculturas rupestres deixadas pelos fenícios, consegui traduzi-las e, com isso, traduzi também os petróglifos, que assinalam as extraordinárias empreitadas

ALFREDO DOS ANJOS: VIAJANTE E CINEASTA LUSO-BRASILEIRO

da bandeira de Robério e Belchior, desde o início até o fim das suas incursões. Posso garantir – acentuou o dr. Apolinário Frot – que as minas de prata existiram, e qual foi o cabedal de riquezas que elas proporcionaram aos audazes exploradores do Brasil Colônia. Tudo isso eu provo e é justamente o que quero fazer, aproveitando a presença de *A Noite* em Correntina.

As palavras do dr. Frot tornavam-se cada vez mais atraentes e resolvemos não interrompê-lo. O Alfredo dos Anjos parecia uma estátua, tanta atenção dava a esse introito. Eu, por minha vez, procurava não perder detalhes dessa primeira entrevista e anotava os pontos principais. O dr. Frot auxiliava-me e fazia até questão que lhe repetisse, depois, o que deveria escrever. Fiz-lhe o primeiro resumo das minhas anotações e, como as achasse acertadas, retornou o fio da história:

– Muito bem. Dito isto, vamos traçar os planos do nosso trabalho. Para iniciar verdadeiramente essa reportagem, que tão inesperadamente veio ao meu encontro, graças a esse grande jornal que é *A Noite*, vou contar-lhe como e por que me dediquei aos estudos dos vetustos petróglifos que se encontram em numerosos locais do nordeste brasileiro, quais foram os primeiros resultados desses estudos e qual o significado de algumas dessas insculturas encontradas na Serra de Pedra Branca, nas proximidades de [Sento Sé]. Convém acentuar que já traduzi quase meio milhar desses documentos, tanto com relação às viagens dos fenícios como tocantes à bandeira de Robério e Belchior Dias. Não será possível fazer tudo de uma só vez. Fá-lo-emos, entretanto, por partes e, possivelmente, apresentarei uma proposta à Noite para concluir a divulgação mais ampla dos meus trabalhos. Sobre isso vou pensar e, quanto ao resto, saberei aproveitar da melhor maneira possível a presença dos senhores em Correntina.

– Portanto – acentuou o pesquisador – tome nota. Vou começar.

Conversamos durante cinco horas. O meu livro de notas esgotou-se e tive que me socorrer das folhas de papel almaço que se encontravam sobre a mesa de trabalho do nosso entrevistado. No fim do dia, estava concluída a primeira entrevista, que considero a mais palpitante e notável de quantas tenho feito como repórter de um grande jornal.

ANEXO III

Sexta-feira, 21 de outubro de 1938.

Confesso que estou entusiasmado com o resultado da reportagem. A minha primeira entrevista com o dr. Apolinário Frot, pôs-me ao corrente de hipóteses verdadeiramente sensacionais, e, não fosse ele próprio o principal personagem de tão extraordinárias aventuras, teria a impressão de estar escrevendo um romance muito fora do alcance da minha imaginação. O dr. Frot não conta apenas. Cita nomes, data e lugares, documentando com precisão admirável todos os episódios de sua vida como desbravador de selvas virgens ou como pesquisador insaciável dos hieróglifos, que gravaram no recesso das matas importantes vestígios do nosso passado histórico e pré-histórico.

Na minha frente se amontoam as anotações da primeira entrevista. Não há um só detalhe desse relato que não preencha cabalmente o meu espírito, quase sempre insatisfeito, de repórter habituado às grandes emoções. Esta, porém, é grande demais, porque representa, na verdade, um trabalho fora do comum. Nem sei mesmo por onde deva começar a descrição. Entretanto, fá-la-ei reportando-me exatamente às palavras do entrevistado, sem acrescentar uma vírgula a mais, para que o leitor tenha a certeza de que não será preciso torcer a verdade para que se tenha, de pronto, bem salientados, o valor e a importância de um empreendimento jornalístico, feito exclusivamente para a satisfação da sua curiosidade e do seu desejo de saber o que existe de ignorado dentro das fronteiras do nosso próprio país.

– Como profissional em estudos mineralógicos – principia o dr. Frot –, fui contratado para percorrer as regiões do Nordeste brasileiro, descobrindo, assim, a existência de numerosas inscrições hieroglíficas, umas gravadas e outras pintadas a tinta vermelha sobre os rochedos. Junto às margens dos rios, no alto dos penhascos, no interior de cavernas e até sobre o tronco das árvores. Instigado pela curiosidade, fui colecionando, depois de copiá-los, os que encontrava, e procurando outros. Para não perder a oportunidade de enri-

ALFREDO DOS ANJOS: VIAJANTE E CINEASTA LUSO-BRASILEIRO

quecer a minha coleção, cheguei muitas vezes a desviar-me da rota pré-traçada, embrenhando-me no recesso da mata.

– A princípio não atribuí grande importância a esses petróglifos. Supunha-os simples obra do devaneio de seus autores. Entretanto, achava-os interessantes e, como as viagens pelo interior se sucedessem, dando-me a oportunidade de localizar cada vez número maior desses desenhos, acabei reunindo coleção tão numerosa de cópias que resolvi catalogá-las em arquivo especial, dando-lhes designação numérica.

– Tempos depois, fui designado para estudar as jazidas auríferas da região baiana do Rio das Contas, e qual não foi o meu espanto ao deparar com a representação esquemática dessas jazidas feita em tinta vermelha sobre um lajeado do caminho que atravessa o campo destas minas. Sinais idênticos observei sobre um monólito situado na encosta do Morro do Ouro, a meia légua de Ituaçu.

– Seria impossível atribuir a autoria dessas inscrições aos selvícolas que povoavam aquelas regiões. Era evidente que tinham sido traçadas por aventureiros que possuíam alguns conhecimentos mineralógicos. Pelo desbotamento dos traços, o que demonstrava a antiguidade do desenho, conclui que as inscrições se referiam a jazidas exploradas em tempos remotos. Notando, finalmente, a perfeita coincidência que havia entre o desenho e o local que estava estudando, a minha curiosidade mais despertou, aguçando vivamente o meu espírito de investigação.

Nessa altura da palestra, o dr. Frot põe diante dos meus olhos alguns rabiscos complicados e explica:

– Vejamos, por exemplo, esta inscrição, que tem o número duzentos na minha coleção.

– Foi encontrada na Serra da Pedra Branca, em [Sento Sé]. Observe, entre outros sinais, as letras [B e D]. Quando a encontrei, não tive dúvida que essas letras representavam as iniciais de algum nome. Quem sabe se não seriam as de Belchior Dias, bandeirante audaz, que na primeira década do século XVII se embrenhou pelos sertões, comprometendo-se, pelas suas descobertas, a dar ao rei de Castela tanto ouro e prata, quanto as minas de Bilbao produziam de ferro.

ANEXO III

– Tendo observado mais que essas letras se agrupavam entre vários símbolos de valor desconhecido, deduzi que o conjunto da inscrição 200 relatava a atuação de uma caravana chefiada por B. D.

– Neste outro petróglifo de nº 78 – continua o dr. Frot, mostrando-nos outro desenho – encontrado no planalto da Serra do Assuruá, o senhor vê algarismos romanos de mistura com linhas interrompidas umas, e paralelas outras, duas a duas, assemelhando-se muito aos traçados que assinalam caminhos em algumas plantas topográficas. Letras e linhas são representadas entre figuras geométricas, figuras de animais e vários outros objetos, alguns perfeitamente identificáveis, mas outros simplesmente imaginários ou que tal parecem à primeira vista. Pois bem – acentuou o pesquisador –, investigando cuidadosamente estes sinais cheguei à conclusão de que tanto estas como as demais insculturas que descobri possuíam certa importância descritiva, como de fato possuem.

– Levei muitos anos, mas atingi amplamente meus objetivos. Posso, pois, garantir-lhe, agora, que a inscultura de nº 200 descreve as pesquisas executadas por Belchior Dias e seus expedicionários no decurso dos anos 1593 a 1600.

– Com a mesma segurança afirmo que a de nº 78 menciona as diretrizes de dois dos caminhos que atravessam o território explorado por Belchior.

– Foram estas as conclusões a que cheguei e estou firmemente convencido de que não estou errado. Essas conclusões não foram tiradas a esmo, mas, como já disse, depois de longos anos de estudo, de acuradas pesquisas e muitos sacrifícios.

A entrevista havia chegado a um ponto interessantíssimo. Afirmar com tanta segurança que havia decifrado hieróglifos, que são verdadeiras adivinhações, valia por se confessar autor de uma descoberta de certo modo revolucionária. Muitas dessas inscrições desafiam até hoje a sapiência de arqueólogos ilustres, que, embora tenham traduzido algumas, nunca passaram do terreno das conjeturas. O dr. Apolinário Frot, porém, assegurava com absoluta firmeza o

ALFREDO DOS ANJOS: VIAJANTE E CINEASTA LUSO-BRASILEIRO

acerto dos seus trabalhos. Como me viesse à mente a dúvida se devia ou não considerar o meu entrevistado como mais profundo e erudito do que o próprio Champollion, resolvi lançar uma pergunta a que, possivelmente, não poderia responder. Quis saber em que base se apoiava para garantir como certas as suas traduções. Como e de que forma procedera para chegar a resultados tão perfeitos.

Mas não houve, também diante da minha curiosidade em querer saber tudo, o menor embaraço por parte do velho engenheiro francês. Ele desfez todas as minhas interrogações, explicando-me minuciosamente como iniciou a segunda fase dos seus estudos até descobrir a chave do grande enigma.

Durante três horas anotei suas explicações e, francamente, fiquei maravilhado. Ele mesmo afirmara que não seria preciso perguntar nada sobre a sua descoberta, porque esse era um dos detalhes mais importantes das suas pesquisas, que desejava divulgar amplamente, para que ficasse comprovada a segurança de sua teoria, e subsistisse, bem alto, a certeza de que ele, dr. Frot, não é um simples visionário.

– Se não me fosse possível provar isso, jamais teria coragem de enfrentar a opinião dos entendidos – acentuou o professor reiniciando as suas explicações.

Sábado, 22 de outubro de 1938.

Tem constituído o assunto de maior relevo e interesse público, a curiosa reportagem que vem sendo feita pelo enviado especial de *A Noite*, em torno dos estudos realizados pelo dr. Apolinário Frot no *"hinterland"* brasileiro. Essa reportagem, cujos capítulos estão sendo divulgados em nossas sucessivas edições, prosseguirá amanhã, quando circulará *A Noite* dominical.

ANEXO III

Domingo, 23 de outubro de 1938.

Na correspondência anterior, estou absolutamente certo de ter reproduzido com a máxima fidelidade o relato das primeiras incursões do dr. Apolinário Frot nos sertões da Bahia. Ele mesmo leu e aprovou a primeira parte dessa entrevista. Submetia-a à sua verificação pessoal antes de remetê-la para *A Noite* para evitar equívocos, dada a complexidade do assunto que está sendo abordado. Mas não houve um senão. Estava tudo certo desde o princípio em que foram referidas as primeiras insculturas encontradas pelo engenheiro francês na Serra da Pedra Branca, em [Sento Sé], e no planalto do Assuruá, até o fim, em que, repetindo as palavras do meu entrevistado, contei como foram decifrados os estranhos traçados desses desenhos.

Vou reatar o fio da interessante palestra no ponto em que o dr. Frot, respondendo a pergunta que eu julgara difícil, explicou minuciosamente como conseguiu aprofundar seus estudos em torno das inscrições rupestres a ponto de conseguir decifrá-las de forma que assegura positiva.

Como eu frisasse que talvez surgissem dúvidas a propósito de tais traduções, o dr. Frot acentuou que a dúvida era até indispensável para que se aclarasse mesmo para os leigos o valor das suas investigações.

– Como já disse – frisou o pesquisador –, faço questão que não subsista a menor dúvida sobre as conclusões a que cheguei na interpretação desses hieróglifos. Repito que não sou um visionário e que estou à inteira disposição dos entendidos que pretendam contestar a minha obra.

Depois de fazer outras considerações em torno da fidelidade das suas interpretações, o dr. Frot se dispõe a responder a pergunta propositada e explica como aprendeu a decifrar as centenas de inscrições rupestres tanto sobre as incursões dos fenícios no Brasil como sobre a atuação da bandeira de Belchior Dias nos sertões de Minas e Bahia, que se avolumam na sua enormíssima coleção.

ALFREDO DOS ANJOS: VIAJANTE E CINEASTA LUSO-BRASILEIRO

– Verificando – principia – que as insculturas encontradas possuíam uma certa importância, resolvi selecioná-las devidamente e comecei a estudar apuradamente as duas já explicadas, que são as de número 200 e 78 do meu arquivo. Supunha não ser dos mais difíceis este trabalho, pois esperava encontrar nos hieróglifos egípcios, nas grafias alfabéticas de origem hebraica, no sânscrito e nos símbolos mongólicos, caracteres mais ou menos semelhantes que me permitissem a desejada tradução. Todavia, não consegui o resultado almejado. Internei-me então entre os silvícolas, chegando a ser até uma espécie de cacique da tribo dos [Maxacalis], conforme provarei ao relatar outro lado da minha vida aventurosa. Vivi quatro anos entre esses nativos semisselvagens, teimando descobrir na sua linguagem a chave do enigma que tanto me preocupava. Entretanto, nada alcancei de útil para as minhas investigações. Tantos e tão repetidos insucessos deixaram-me um tanto desanimado. Estava resolvido mesmo a desistir dos meus planos.

– Contudo não esmoreci, até que um dia presumi, intuitivamente, que as linhas interrompidas da inscultura 78, por exemplo, relativa à bandeira de Belchior Dias, pareciam indicar as diretrizes de alguns dos caminhos traçados por essa bandeira e que, assim sendo, cada uma das linhas desenhadas devia corresponder a um trecho qualquer desses caminhos, cujo comprimento estaria também mencionado ali pelos valores desconhecidos da gravura, valores esses se repetiam noutras insculturas do mesmo gênero encontradas por mim em diferentes partes. Com esta base que o acaso me trouxe resolvi recomeçar as minhas investigações e o senhor vai ver como acertei.

A essa altura da entrevista, o dr. Apolinário Frot espalha sobre a mesa algumas das cópias do seu arquivo e, apanhando um lápis, prossegue a sua explicação. Durante duas horas acompanhei a explanação minuciosa do velho professor.

ANEXO III

Terça-feira, 25 de outubro de 1938.

Esta parte da entrevista em que o dr. Frot vai explicar como conseguiu desvendar o segredo das inscrições rupestres nº 200 e nº 78, da sua coleção, eu a considero das mais importantes, pois, partindo da tradução desses desenhos, foi que ele conseguiu desvendar o sentido descritivo das demais, segundo as suas próprias informações. Os entendidos é que deverão considerar o acerto ou não da teoria do velho professor, depois de analisar os pontos básicos dessas investigações. A minha missão, nesta curiosa reportagem de *A Noite*, limita-se, apenas, a reproduzir, com a máxima fidelidade, as palavras do arqueologistas [sic], que, durante quarenta anos, outra coisa não fez senão seguir os impulsos de uma estranha obstinação científica.

Para fazer mais clara possível a sua explicação, o dr. Apolinário Frot ilustra-a com os desenhos citados. À medida que discorre sobre os valores gráficos, vai desenvolvendo a história que levantou, segundo afirma, o véu que envolvia o mistério, tido como impenetrável, das inscrições rupestres do nordeste brasileiro.

– Como afirmei – acentua o pesquisador –, a insculura número 200 descreve as pesquisas da bandeira de Belchior e seus expedicionários no decurso dos anos de 1593 a 1600, enquanto que a de número 78 indica precisamente as diretrizes de dois caminhos que atravessavam o território palmilhado por esse mesmo bandeirante. Como cheguei a decifrar nos valores desses documentos (encontrados, respectivamente, na Serra da Pedra Branca e no planalto da Serra do Assuruá) é o que vou explicar agora.

– Já lhe referi que por ter encontrado, reproduzido fielmente, numa dessas inscrições, o desenho esquemativo das jazidas auríferas do Rio das Contas, que explorei na Bahia, foi que deduzi da importância dos documentos coletados no transcorrer das minhas incursões. Inspirado pela coincidência entre o desenho gravado na pedra e a topografia local, julguei que as demais inscrições tinham igual-

ALFREDO DOS ANJOS: VIAJANTE E CINEASTA LUSO-BRASILEIRO

mente qualquer valor descritivo. Também já é do seu conhecimento o resultado da primeira fase dos meus estudos, em que, para tentar decifrar o enigma das primeiras insculturas encontradas, rebusquei, inutilmente, nos hieróglifos egípcios, as grafias alfabéticas de origem hebraica, o sânscrito e os símbolos mongólicos, sem encontrar valores que se lhes assemelhassem, e que, também inutilmente, arrostei, durante quatro anos, o convívio de tribos semisselvagens, esperançoso de encontrar no hábito e no idioma primitivos dessa gente a chave para a vitória dos meus objetivos. Como viu, todo esse trabalho e tanto sacrifício nada renderam de proveitoso.

– Já estava decidido a desistir de minha teimosia – prossegue o dr. Frot – quando, intuitivamente, presumi que as linhas interrompidas da inscultura 78 deviam representar direções de determinados caminhos, e que cada uma dessas linhas valia por um trecho, cujo comprimento corria por conta dos valores, para mim então desconhecidos, mencionados no mesmo desenho. Com essa base, embora incerta, foi que iniciei a segunda fase dos meus estudos, para chegar, afinal, ao ponto desejado. Explanarei, agora, o ponto mais importante, explicando como e por que acertei com a chave do enigma.

O dr. Frot, nessa altura, prepara-se para contar o lance vitorioso das suas investigações. Apanha o desenho 78 da inscultura nº 78 e prossegue na explicação:

– Deduzindo que os desenhos representados pelas figuras colocadas ao externo das linhas interrompidas têm relação com o seguimento dos caminhos correspondentes a essas linhas, isso num comprimento que devia estar mencionado nos gráficos de valor desconhecido, resolvi, diante da incerteza da nova dedução, orientar minhas investigações dentro desse princípio. Isso valeu por novos sacrifícios, pois iniciei outras incursões penosíssimas, muito mais difíceis do que as anteriores, tanto pela falta de recursos como pela minha idade, já então bastante avançada. Todavia, enfrentei os rigores das longas caminhadas em selvas ignotas, exposto à sanha dos animais ferozes e passando dias seguidos sem alimentação. Consegui, assim, adquirir conhecimentos em torno dos valores positivos

ANEXO III

de algumas das figuras mencionadas nas insculturas e, ainda, o de algumas regras que regulam a aplicação desses valores. Aplicando esse conhecimento, tive uma noção, embora incipiente, da importância ideográfica dos objetos figurados.

Nessa altura da entrevista, o dr. Frot põe sob os meus olhos a inscultura nº 200, e continua:

– Submetendo, então, este documento ao cuidadoso exame das minhas observações finais, descobri que a mesma se relaciona de fato com as pesquisas executadas pelos expedicionários de Belchior. Dediquei, por isso, toda a atenção à interpretação da inscultura 200. Entretanto, conclui que estava longe ainda de ter desvendado todas as regras e preceitos aplicados na escrita criptográfica, tanto deste como dos demais documentos lapidares deixados pelos exploradores baianos. Em cada tentativa surgia uma revelação diferente, provando o quanto eram precárias as conclusões já alcançadas. Tive que reformá-las várias vezes, depois de julgá-las definitivas, completando, para decifrar os hieróglifos de Belchior, trabalho igual ao das intermináveis obras de Penélope... Nessa longa sequência de estudos, muitos anos passaram até que conseguisse o conhecimento integral dos valores atribuídos às figuras desconhecidas.

– Descobri, então, que a importância de cada um decorre da leitura conjunta dos demais, e que, sem esse conhecimento, não seria possível interpretar as insculturas rupestres de Belchior, seus auxiliares e seus sucessores. Consegui estabelecer, também, que cada valor das figuras, em particular, determinava a importância das demais, contribuindo para a sua exata compreensão. Dessa forma, ficou entendido que cada inscultura vale por um documento, encerrando dados completos de grande valor descritivo, tanto histórico como geográfico.

– Não são raras – continua o dr. Frot – as repetições dos mesmos valores numa só inscultura, duas, três e quatro vezes, bem como em outras encontradas em diferentes lugares. Na inscultura duzentos, por exemplo, foram localizados, geodesicamente, dois campos mineralógicos, segundo dados mencionados na primeira inscrição, que é

365

ALFREDO DOS ANJOS: VIAJANTE E CINEASTA LUSO-BRASILEIRO

de número setenta e oito, na qual a indicação dos mencionados campos e das jazidas de minerais preciosos neles descobertos se repete de forma diferente. Já a localização dessas minas decorre de outros elementos da mesma inscrição.

– Tendo atingido esse ponto – prossegue o pesquisador – comecei a terceira e última fase das minhas investigações, que foi a fase das verificações. Iniciei-as, estudando os pontos e marcos de referência indicados nos petróglifos, confrontando-os com as coordenadas geográficas que localizavam outras inscrições levantadas por mim, em diferentes lugares, durante as primeiras incursões. Verifiquei que esse confronto combinava, dando numa inscrição o ponto exato da localização de outra.

– No decorrer dessas investigações, aconteceu um fato interessante – continua o engenheiro francês. Pela leitura das inscrições, assinalei a localização de várias outras que foram encontradas no lugar exato. Faltava, porém, verificar a existência de um que não foi encontrado no ponto geodésico determinado pela tradução. Quando a caravana, chefiada por mim, chegou a esse local, em vez da inscultura, encontrou, isso sim, um terreno bravio, coberto de árvores frondosas e plantas agressivas. Fiado no sucesso das pesquisas anteriores não me deixei vencer pela circunstância, e teimei que o desenho-marco deveria encontrar-se naquele ponto onde o mato crescera abundantemente. Obedientes à minha ordem, os homens entraram a ceifar a ramaria e, em seguida, escavaram a terra. Encontrou-se, então, um lajedo, sobre o qual se descobria, pouco depois, a procurada inscultura, que é, precisamente, a que hoje tem o nº 378 da minha coleção. Esse petróglifo é de grande valor, pois localiza na região circunvizinha diversas das muitas jazidas exploradas pela bandeira de Belchior Dias Morêa.

– Entretanto – acentua o professor –, um dos mais importantes marcos que consegui localizar pela tradução de algumas das insculturas do meu arquivo, não foi possível alcançar, apesar dos ingentes esforços feitos neste sentido. Por três vezes formei, com amigos dedicados, caravanas a fim de verificar a existência desse marco no ponto assinalado e

ANEXO III

em nenhuma vez conseguimos atingir o alvo. Localizei-o, por tradução de outras insculturas, numa região desconhecida, coberta em grande parte por vegetação cerrada, entrelaçada de cipós e arbustos espinhentos que formam muralha intransponível, vegetação essa – explica o dr. Frot – que sucedeu às frondosas florestas que existiram outrora, mas que repetidos incêndios destruíram há passados anos.

Interrompendo a entrevista nesse ponto, o pesquisador do Nordeste revolve algumas pastas e encontra um mapa. Mostra-nos esse mapa minuciosamente descritivo, que ele mesmo desenhou, e continua a narrativa.

– A região de que lhe falo é esta.

Indicando, agora, um ponto assinalado com tinta vermelha, acrescenta:

– Aqui, precisamente, deve estar a inscultura assinalada. Veja o nome do lugar, o que lhe mostro muito confidencialmente, e não o divulgue, pelo menos por enquanto. Quando muito, essa inscrição servirá para comprovar que não estou errado. Um dia alguém há de chegar até esse ponto e a encontrará, infalivelmente, confirmando a certeza das minhas afirmações.

– Nas três vezes que tentei fazê-lo com o auxílio de amigos dedicados – concluiu o dr. Frot – quase morremos de sede. A expedição que futuramente se organizar com esse objetivo, deverá prevenir-se contra todas as dificuldades.

Dando ponto final à sua segunda entrevista, acentuou o dr. Frot:

– No nosso próximo encontro, vou provar que a bandeira de Robério Dias foi uma grande realidade histórica, pois, de acordo com os documentos decifrados, estou em condições de descrever a atuação dessa bandeira, desde que deixou a sua concentração no Rio Real, em Sergipe, até o seu retorno ao ponto de partida, em 5 de março de 1594.

ALFREDO DOS ANJOS: VIAJANTE E CINEASTA LUSO-BRASILEIRO

Quinta-feira, 27 de outubro de 1938.

Depois destes quatro dias de trabalho intenso, ouvindo o dr. Frot e redigindo a reportagem até altas horas da noite, resolvi espairecer um pouco. Aproveito a manhã clara, de sol brando, para travar conhecimento mais íntimo com esta velha e pitoresca cidade que se encravou nos últimos limites do sertão baiano. Como é interessante! Correntina difere de todas as localidades que conheço por esse Brasil imenso. Isolada completamente do meio civilizado, adquiriu aspecto próprio, inteiramente seu, que imprime à imaginação do visitante um sentido diferente na interpretação das coisas. Afastada de tudo, é bem um paraíso, onde se vive tranquilamente, livre dos rumores e das agitações das metrópoles. O próprio intercâmbio comercial, que assegura os índices da sua economia interna, processa-se imperceptivelmente. Não mostra grandes movimentos de exportação e importação por meio de transportes volumosos de mercadoria. Tudo se faz sem alarde, porque são modestos caixeiros-viajantes que realizam esse intercâmbio, enfrentando longas distâncias com as suas malas de amostras em lombo de animal ou trazendo a encomenda ao destino em pequenas partidas. Rumo a Correntina não há caminho nem para carro de bois. As tropas de muares é que fazem todo o transporte do porto, a 72 quilômetros, até a cidade. O atual prefeito, [major] Félix Joaquim de Araújo, conseguiu trazer os "gaiolas" até um lugar chamado S. José, na margem do rio Corrente.

São tão poucos, porém, os navios que podem atingir aquele extremo, que a iniciativa, apesar de valiosa, não surtiu os efeitos desejados.

Correntina tem indústrias interessantes: uma fábrica de violões e outra de chapéus de couro. Há também uma oficina de "clichês", que se especializou em fabricar rótulos para garrafas de parati, outro produto da indústria local. Mas essa oficina em vez de utilizar chapas de zinco, grava as peças em pedaços de madeira. Passear pelas ruas da pequena cidade é ouvir de distância em distância um chocalhar esqui-

ANEXO III

sito que parte do interior de quase todas as casas residenciais. São bilros, trabalhados pelas mãos ágeis das moradoras, entrelaçando fios de algodão. As peças batem umas de encontro às outras, tecendo lindos desenhos de renda. Os fios para isso também são fabricados em rocas de construção rudimentar, que fazem lembrar em muitas residências, pela atitude das fiandeiras, um quadro qualquer da Idade Média. São as vovós que fiam os fios que as filhas e as netas aproveitam. E como essa indústria doméstica se casa com a tranquilidade do ambiente local! Por tudo isso me sinto aqui numa cidade diferente...

A primeira coisa que fiz ao chegar em Correntina foi tomar um banho de rio. Coisa clássica e hábito que se enfronhou entre os habitantes da cidade. Gostei e foi a melhor coisa que descobri por estas bandas para distração. O banheiro dos homens é um pouco distante. Nada mais é que uma enseada tranquila que a correnteza violenta do rio Corrente abriu numa das margens. Verdadeira piscina pública, onde os banhistas se mostram em trajes edênicos. O das mulheres é perto da cidade, mas oculto por um extenso muro que se abre em forma de leque até o centro do leito do rio. Ninguém as vê, nem mesmo de longe. Seria mais prático não construir o muro e usar-se roupa de banho. Mas, qual. Que não se fale em roupa de banho em Correntina. Considera-se um exibicionismo e um atentado à moral aparecer alguém na beira do rio metido num simples "maillot".

Um turco, dono de armarinho que vende tudo – pão, cimento, tomate, panelas etc., contou-me que certa vez tentara introduzir ali o hábito da roupa de banho.

– Br'a quê fez isso! - acentuou o muçulmano na sua explicação final. Foi desastre completo. Roupa ficou aqui e traça "cumeu" tudo...

O dr. Apolinário Frot, quando cheguei da "praia", estava no hotel à minha espera. Dois dias seguidos trabalhamos juntos, examinando documentos, dados explicativos, desenhos esquemados [sic], anotações etc., e dispondo as coisas de modo a favorecerem os planos que tracei para conduzir esta reportagem. Vieram, depois, as entrevistas estafantes em que, à medida que falava, o professor compulsava o

ALFREDO DOS ANJOS: VIAJANTE E CINEASTA LUSO-BRASILEIRO

seu arquivo. Redigir, depois, tudo quanto ouvira, rigorosamente dentro das explanações que me fez o entrevistado, foi outro trabalho de coordenação bastante demorado. Pensava, pois, que o meu pesquisador aproveitasse o meu curto afastamento para também descansar um pouco. Mas, não. Perguntando se podíamos prosseguir na "interview" depois do almoço, o dr. Frot, como resposta, entregou-me cinco folhas de papel almaço, escritas de ambos os lados, com a sua letrinha miúda, mas admiravelmente certa, e acrescentou:

– O que tinha a dizer está tudo aqui. Faça o favor de ler.

Era a história da bandeira de Robério Dias, mencionando todos os detalhes das extraordinárias aventuras desse ousado sertanista baiano nos primórdios do século XVII. Esse relato interessante descreve, cronologicamente, todas as ocorrências desse controvertido episódio do Brasil Colônia. Afirma a existência das famosas minas de prata e menciona até a quantidade de ouro, prata e pedras preciosas que foram retiradas dessas minas e qual a importância da parte que Belchior retirou desse valioso cabedal para deslumbrar em terras de Castela os cortesãos boquiabertos do rei Felipe III.

Tudo isso está contado no trabalho do dr. Frot com minuciosa precisão de datas, mês, ano e dia em que os diferentes episódios tiveram lugar, assinalando ainda, com precisão idêntica, os locais em que os mesmos episódios se desenvolveram. Será este o assunto da minha próxima correspondência.

Sábado, 29 de outubro de 1938.

O novo capítulo dessa reportagem que passo agora a descrever, é também interessantíssimo e, pode-se dizer, um dos principais da longa história do dr. Apolinário Frot e seus trabalhos nos sertões

ANEXO III

baianos e mineiros. Justamente por ser dessa importância é que julguei acertada a ideia do velho pesquisador de escrevê-la do próprio punho, evitando-me assim o trabalho de coordenar os elementos colhidos em entrevista. Diante de mim estão as cinco folhas de papel almaço, com a narrativa escrita pelo dr. Frot, em letrinhas miúdas, mas uniforme, sobre a bandeira de Belchior Dias e suas aventuras em torno das famosas e controvertidas minas de prata.

O engenheiro francês encabeçou a sua exposição com o seguinte título: "Resumo da recapitulação interpretativa da ıffi. inscrição da inscultura nº 200". Esse documento da coleção do arqueologista [sic] já foi publicada pela *A Noite*. Descrevendo o seu valor, assim inicia o dr. Apolinário Frot a descrição.

– Belchior, saindo dos seus estabelecimentos, situados no Rio Real, em Sergipe, com os elementos que constituiriam, posteriormente, o primeiro grupo dos seus expedicionários chefiados por J., encaminhou-se ao ocidente, pelo paralelo da sua residência, enquanto seus companheiros percorriam todas as regiões situadas ao norte e ao sul dessa diretriz, até a distância de 162 milhas. Depois de alcançar a distância de 540 milhas, retornou ao ponto de partida, chegando à sua residência no dia 5 de março de 1594.

– Nesta viagem, Belchior determinou a situação dos lados oriental, setentrional e ocidental do território onde pretendia explorar, bem como a situação daquele localizado no paralelo intermediário e subsequente ao lado meridional. Determinou, ainda, o bandeirante, a divisão desse território de norte ao sul e leste a oeste em faixas e zonas com 45 milhas de largura cada uma. Resultou dessa incursão, a localização, geodesicamente feita, de dois campos mineralógicos, e fixação do estabelecimento que deveria abastecer os 1.200 expedicionários. Estes, durante seis anos, conseguiram pesquisar no território assim delimitado importantes jazidas de minerais preciosos, cuja exploração seria feita nos quatro anos seguintes.

– O documento número 200 da minha coleção – escreve mais o dr. Frot – foi encontrada em [Sento Sé], na Bahia, no sopé ocidental

ALFREDO DOS ANJOS: VIAJANTE E CINEASTA LUSO-BRASILEIRO

da serra da Pedra Branca, na entrada do boqueirão desse nome, a três léguas de Limoeiro. Esta inscultura é autenticada pelas letras B e D, representadas nas primeira e terceira inscrições. Diversas datas dos acontecimentos acima descritos também figuram no petróglifo.

– Os limites do território explorado por Belchior prolongam-se pelos paralelos 80 48' 40" e 170 48' 40" e pelos meridianos 370 59' 07" e 460 59' 07" (meridiano de Greenwich). Esta área foi dividida em 12 faixas ou 12 zonas e 45 milhas de largura. Quatro caminhos, cujo ponto inicial fica situado em São Salvador, atravessam este território em várias direções. Aquelas linhas e as diretrizes dos caminhos foram localizadas geodesicamente e balizadas por marcos e pontos de referência, positivados pelo mesmo processo e encontram-se mencionados na criptografia das insculturas. As coordenadas geográficas do Monte Tatuapara (Assú da Torre) serviram de base para as determinações geodésicas observadas neste documento.

– Pelo Monte Tatuapara passa o meridiano do lado oriental do território e o paralelo divisório das quintas e sextas faixas mencionadas no documento número 200.

– A residência de Belchior é situada no mesmo, sobre o paralelo divisório das terceira e quarta faixas e quatro milhas e meia a leste do meridiano oriental.

– O centro de abastecimento dos bandeirantes durante a sua incursão nas selvas, segundo o petróglifo número 200, era situado sobre o planalto da Serra do Assuruá, por 110 32' 55" de latitude e 420 29' 22" de longitude, precisamente no lugar onde hoje se encontra a Vila de Gameleira. Possuía uma cultura de cereais em terrenos banhados pelo córrego que atravessa essa vila. Os produtos eram armazenados num grande depósito de construção oitavada, coberta por pesados telhões de barro queimado. Ficava essa construção precisamente no local da atual igreja.

– Havia no acampamento uma oficina de ferreiros que ficava cinco léguas ao sul, em Olaria, já no povoado de Mato Grosso, ponto esse particularmente assinalado pelas insculturas. Comprovando es-

ANEXO III

ses detalhes do documento arcaico vale a pena mencionar que nesse local já foram encontrados vestígios das sobras executadas pela aludida oficina. Próximo à oficina estendia-se o campo de aviação [sic] dos bandeirantes, sendo a dos suínos a principal.

– O parque do gado vacum situava-se acima de Limoeiro, em [Sento Sé].

Sob o título "Resumo da recapitulação interpretativa da inscultura nº 78" o dr. Frot prossegue na narrativa escrita por ele mesmo.

– Este documento descreve os resultados das explorações das jazidas de ouro e prata situadas em dois dos campos geodesicamente localizados pela bandeira Belchior Dias. Nele estão mencionados pelas iniciais os nomes dos profissionais que dirigiram estas explorações. Três dos grandes depósitos localizados serviram para guardar os minerais extraídos das jazidas.

– Outros dados colhidos no documento dão a indicação das quantidades de ouro, prata, pedras preciosas e semipreciosas que Belchior transferiu para a sua residência ao retirar-se do sertão em 16 de maio de 1604.

– O documento número 78 representa a inscultura encontrada no planalto da Serra do Assuruá, na Chapada, a cinco léguas da Vila de Gameleira. É autenticada pela letra B às avessas na figura 1. A data mencionada no mesmo é a de 16 de maio de 1604.

– As jazidas exploradas nos campos D1, são localizadas pelos dados criptográficos da terceira inscrição da inscultura 200. Segundo esses dados, Belchior extraiu das primeiras dessas jazidas, 7.410 libras de prata e, das segundas, 5.100 libras de ouro.

– Ao retornar a Sergipe o bandeirante na data acima mencionada, levou consigo quatrocentas arrobas de prata e ouro e oito de pedras preciosas. Presume-se que foi com esse cabedal que ele deslumbrou os cortesãos de Felipe III e adquiriu, na Corte de Castela, as boas relações de que faz referência Pedro Leolino Mariz, inspetor das Minas Novas de Araçuaí na sua correspondência de 25 de maio de 1754, dirigida ao vice-rei, conde de [Atouguia].

ALFREDO DOS ANJOS: VIAJANTE E CINEASTA LUSO-BRASILEIRO

Domingo, 30 de outubro de 1938.

Defronto agora um dilema. Diante de mim se acumula um mundo de anotações relativas à minha nova entrevista com o dr. Apolinário Frot, na qual fui posto ao par de outras fases da vida desse homem extraordinário. Não sei se devo prosseguir mencionando novos detalhes de caráter científico, relatando fatos históricos ainda sobre a bandeira de Robério Dias ou se prosseguirei a narrativa sobre os fenícios e os vestígios deixados por esse povo, não só no Brasil como noutros continentes do mundo, cuja conformação primitiva o dr. Frot pretende ter reconstituído de forma insofismável. Esses trabalhos revelam de maneira absolutamente sensacional uma obra de erudição perfeitamente concatenada. Garante o sábio de Correntina a existência da Atlântida, por exemplo, localizando-a, e recompondo-a descritivamente, no auge do seu fastígio de riqueza e de grandiosidade. Apreciando o conjunto das explanações que a tal respeito me fez o dr. Frot, chego a ficar perplexo ao antever o sucesso possível dessas novas e inesperadas teorias em torno de épocas pré-históricas, se um dia elas se confirmarem. São de tal forma revolucionárias, que, se certas, obrigarão a uma reforma completa na história da civilização e anularão grande parte das pesquisas tidas como definitivas, até agora feitas pelos mais famosos arqueologistas [sic] do mundo.

Ontem, *A Noite* foi homenageada num jantar pelo prefeito de Correntina, [major] Félix Joaquim de Araújo. Tomaram parte nessa reunião as principais personalidades do lugar. Usando da palavra, depois de elogiar a iniciativa do jornal, que acentuou ser o mais lido do Brasil e o único da capital que chega até Correntina, a pérola do sertão baiano, o [major] Félix Joaquim de Araújo declarou que o trabalho do dr. Frot era de tal importância, que para ser avaliado na justeza das suas proporções seria indispensável submetê-lo ao exame dos entendidos. Prosseguindo nas suas considerações, sugeriu então o prefeito que

ANEXO III

o dr. Frot deveria aproveitar a oportunidade da presença de *A Noite* e propor a sua ida para a capital da República, onde, sob tão alto patrocínio, teria o ensejo que Correntina jamais lhe poderia proporcionar: tornar conhecidos e divulgar amplamente os seus trabalhos, principalmente na parte mais complexa, sobre cuja importância somente doutos na matéria poderiam dar uma opinião esclarecida.

O dr. Frot, respondendo, achou interessante a ideia, acrescentando que estava inclinado a solicitar o apoio de *A Noite*, dando, em troca, exclusividade para divulgação de tudo quanto fizera nestes quarenta anos de aventurosas pesquisas, mas que, devido à sua avançada idade, não podia, de pronto, resolver sobre a sua ida para a capital da República.

– A exclusividade para a divulgação dos meus trabalhos – adiantou o dr. Frot – esse grande jornal já a tem garantida, pois a ele devo o ter recuperado a bagagem e os documentos que deixei em Pirapora e na posse dos quais não pensava entrar de novo, pelo menos por enquanto. Mas a minha partida para o Rio não posso resolvê-la tão depressa, muito embora deseje entregar ao mundo o segredo das minhas descobertas, antes que seja tarde demais.

Diante das declarações do velho professor, esclareci que na minha situação de enviado especial, também não estava em condições de resolver a questão, mas que, tão depressa ele a resolvesse, telegrafaria para o Rio consultando os diretores do meu jornal a respeito.

Recapitulando as passagens desse jantar foi que tomei uma deliberação acerca do assunto da presente correspondência. Julguei melhor deixar a parte científica dos trabalhos para quando ficasse resolvida em definitivo a sugestão do [major] Félix. Caso o dr. Frot me acompanhasse no meu regresso ao Rio ele mesmo conduziria essa parte da reportagem, explanando-a com a segurança e as minúcias das suas próprias conclusões, sem os inconvenientes de um possível engano que a transcendência do assunto facilmente pode permitir a um leigo como eu. Caso não se realizasse essa probabilidade, seria melhor fazê-lo escrever tudo para transmitir depois, o que, naturalmente, me prenderia à Correntina por muito tempo ainda.

ALFREDO DOS ANJOS: VIAJANTE E CINEASTA LUSO-BRASILEIRO

Resolvido a deixar para ocasião mais oportuna o relato de novos detalhes puramente especializados do trabalho do dr. Frot, decidi com acerto me ocupar portanto das extraordinárias aventuras dessa estranha figura de pesquisador, que considero capítulo interessante para o grande público. Somente esse relato valeria, como já acentuei, a longa viagem que me trouxe até esse afastado rincão das selvas baianas. O dr. Frot foi o único homem que viveu realmente entre tribos semisselvagens chegando à alta categoria de cacique. Mas o que aconteceu antes disso são outros tantos episódios de uma aventura novelesca vivida e sentida em plena realidade por um homem diferente dos demais pelas emoções que experimentou. E é esse relato sensacional que vai ser o assunto das minhas próximas crônicas.

Terça-feira, 1 de novembro de 1938.

Aos que acompanham esta reportagem, seja pelo interesse em torno das teorias explanadas, seja por simples devaneio ou curiosidade em torno dos episódios em que a mesma vem se desdobrando, tomo a liberdade de dar um conselho: não percam a sequência da sensacional narrativa que passo a transmitir. Aos primeiros revelará a que ponto pode chegar a persistência de um estudioso para alcançar seus elevados objetivos e, aos segundos, esse novo capítulo despertará interesse ainda maior, por descrever um autêntico romance de aventuras, repleto de lances impressionantes, que, verdadeiros, são dignos da imaginação de um Wells, de um Poe ou de um Rice Burroughs.

Acresce, ainda, que o cenário de toda essa estranha aventura é o coração do nosso próprio "*hinterland*", cujos segredos e perigos se revelam ao vivo e vão mostrando ao leitor a natureza bravia de um mundo misterioso, escondido, poderosamente oculto sob o véu imenso e impenetrável das nossas florestas e dos nossos sertões intratáveis.

ANEXO III

Pensarão muitos que a imaginação do repórter concorreu para aumentar a dramaticidade dos episódios narrados. Entretanto, afianço que nada acrescentei, nem uma palavra sequer, à emocionante narrativa do dr. Apolinário Frot. Como sempre, reproduzo fielmente o que me foi contado pelo velho pesquisador, francês de nascimento, mas brasileiro de coração, como ele mesmo se considera, depois que se aclimatou ao mais característico dos nossos ambientes.

Dito isto, dou novamente a palavra ao dr. Frot, que assim começa a sua empolgante narrativa:

– Não conseguindo o resultado almejado com o estudo das grafias hieroglíficas já existentes para a interpretação das inscrições da minha coleção – conta o meu entrevistado – resolvi tentar a descoberta das significações aprendendo a língua e os costumes dos selvícolas existentes nos arredores da região que pesquisei. Talvez encontrasse entre eles conhecimento que me orientasse na interpretação dos petróglifos baianos. Decidi-me, portanto, a procurar as tribos radicadas no Estado da Bahia e noutros fronteiriços. Sabia da existência de alguns grupos selvícolas na Serra dos Aimorés, entre o rio Doce, ao sul, e o rio das Contas, ao norte. Essas tribos, segundo informações seguras, eram semibárbaras, na maioria ferozes mesmos, e dominavam um território onde a penetração dos civilizados era quase impossível, devido aos ataques traiçoeiros desses selvícolas.

– No lado esquerdo do rio Pardo, poucos dias antes, fora morto um madeireiro quando derrubava um jacarandá. Serviu para o almoço do bando. Contou o filho do chefe da tribo, que mais tarde se tornou meu guia, que a carne do cortador de lenha foi bastante apreciada, sendo que ao seu pai, como maioral dos antropófagos, foram servidos os dedos e as palmas das mãos da vítima – as partes mais delicadas e saborosas do manjar humano.

– Na mesma época, no Mucuri, os índios [Maxacalis], que viviam nas vertentes ocidentais dos rios Itanhém e Jucuruçu, atacaram uma turma dos construtores da estrada de ferro de Teófilo Otoni.

– Saiu gravemente ferido por seta um dos engenheiros da ferrovia em construção. Isso me foi contado pelos próprios índios com os quais convivi depois durante quatro anos.

– Ataques idênticos, promovidos por estes mesmos índios, pelos "Botocudos", que moravam no [rio] Rubim do Sul e, posteriormente, nas nascentes do S. Miguel, afluente do Jequitinhonha e, ainda, pelos "Puchichas", localizados no sul do rio S. Mateus, repetiam-se constantemente contra os lavradores estabelecidos nas cercanias de Teófilo Otoni, ou que procuravam estabelecer-se naquelas redondezas. Os indígenas não admitiam a intromissão dos brancos nesse território, que julgavam de sua exclusiva propriedade.

– Uma particularidade interessante dessas tribos e, possivelmente, também de outras nações selvícolas, era que se apresentavam como mansos e até com nomes diferentes nas regiões afastadas do seu *habitat*, onde, pelo contrário, demonstravam incrível ferocidade. Os "Patachos", por exemplo, mostravam-se pacíficos aos moradores da margem do rio das Contas, ao norte, e atacavam impiedosamente nas matas de Ilhéus e na região do rio Pardo do Sul. Os "Botocudos", por sua vez, e também os "Maxacalis", viviam em boas relações com os habitantes vizinhos aos rios São Miguel e Jequitinhonha, mas demonstravam toda a sua ferocidade nas margens do rio Mucuri, onde eram estabelecidos. A tribo mais bárbara, porém, era a dos "Puchichas", que estendiam suas tropelias ao norte e a oeste do seu *habitat*, manifestando, entretanto, a este e ao sul, onde comumente apareciam, prudente reserva.

– Foram estes os índios com os quais me relacionei nos anos de 1894 a 1897, enquanto me mantive em convivência contínua com os "Maxacalis". Este e os demais indígenas refugiados nos Aimorés [serra dos Aimorés?] – acentua o dr. Frot – vivem hoje amparados pela Inspetoria de Proteção aos Índios e, particularmente, [pelos] sacerdotes catequizadores, que considero verdadeiros sucessores de Anchieta.

–Abnegados e persistentes no cumprimento de um alto dever, esses sacerdotes penetram no seio do gentio, ministrando-lhes os

ANEXO III

santos ensinamentos da religião católica, inspirando-lhes a prática da caridade e do respeito aos semelhantes, e levando-os, aos poucos, ao convívio da civilização, onde seus descendentes, em futuro próximo, se tornarão úteis à coletividade e, por gratidão, saberão amar ao Brasil, sua pátria, com ardor igual ao mais patriótico dos brasileiros.

–À frente dessa cruzada civilizadora – acrescenta o dr. Frot, terminando esse introito das suas sensacionais aventuras – encontrou-se por muito tempo o abnegado Dom Serafim Gomes Jardim, então bispo de Araçuaí e hoje dirigindo os destinos da diocese de Diamantina, em Minas Gerais. Este notável religioso dirigiu-me uma carta, que recebi com atraso de dez meses, na qual me pedia informações sobre os "Maxacalis". A carta é esta – acentua o dr. Frot, estendendo-me a missiva, que a ação do tempo sobre o papel tornou amarelada. Servirá, pelo menos, para provar que fui índio honorário...

Eis o teor da carta:

> Ilmo. sr. dr. Frot – Laudetur Jesus Christus! – Estando, há pouco, na aldeia dos índios Maxacalis, cujas condições desejo melhorar, notei que a memória de v.s. é ali muito viva.
>
> Das excursões de v.s., assim como da permanência na referida aldeia, tenho tido notícias, mas algumas contraditórias.
>
> Pensando que v.s. terá com certeza recolhido muitas notas preciosas, venho pedir-lhe o favor de fornecer algumas a respeito.
>
> Sei que v.s. muito se interessa pela sorte daqueles indígenas, e isto é que me anima a assim abusar de sua bondade.
>
> Aguardando resposta, com muita estima me subscrevo de v.s. servo muito agradecido. Serafim, bispo de Araçuaí, Araçuaí, 26 de outubro de 1916.

Esse será o próximo capítulo da sensacional narrativa, no transcorrer do qual o dr. Frot nos contará como se deu e o que aconteceu durante a sua primeira incursão no âmago desconhecido das selvas perigosas.

Sexta-feira, 4 de novembro de 1938.

É agora que se inicia a narrativa mais empolgante das aventuras do dr. Frot. Será uma autêntica novela que os amantes dos "thrilling episodes", como se diz em linguagem dos "*films*" em série, irão apreciar devidamente.

– Antes de penetrar nas selvas – diz o dr. Frot iniciando a segunda parte da sua narrativa – fiz um reconhecimento preliminar da região onde estariam localizadas as principais tribos de selvícolas semibárbaras. Preparei a expedição numa das fazendas situadas à margem do Jucuruçu, no limiar do mato virgem, a 15 léguas da cidade do Prado e do litoral. Procurei reunir o pessoal que julgava necessário a esse empreendimento. Naquela época, entretanto, subsistia ainda no sul da Bahia a tradição dos trucidamentos praticados pelos silvícolas, ceifando expedições que tentavam penetrar a oeste daquelas matas, e bem vivo na memória de todos estava ainda o desbaratamento, que deve ter sido completo, de uma caravana de 200 expedicionários, pois, até hoje nunca mais se teve notícias de nenhum deles.

– Apesar de todos os meus esforços, dois homens apenas se apresentaram para me acompanhar: João de Araújo, filho da vila do Prado, caboclo afeito ao trabalho de arrancar madeira do centro das matas, e Ilarindo, um rapazote de 16 anos, filho de Porto Seguro, que era cortador de piaçava em regiões afastadas do povoado. Era muito jovem para empreitada de tanta responsabilidade. Não quis, por isso, aceitar os seus serviços. Mas, tanto insistiu, que me vi obrigado a atendê-lo.

– Mas, que poderia fazer eu com esses dois homens? Seria expor-me à sanha dos silvícolas sem probabilidades de êxito. Já me dispunha a aguardar época mais oportuna, quando fosse fácil agrupar uma expedição mais completa, quando se apresentou um contingente de homens renovando a minha persistência de invadir quanto antes o terreno perigoso. Esse contingente compunha-se, nada mais nada menos, de 18 dos clavinoteiros, ou melhor, jagunços, que infestavam

ANEXO III

as cercanias do baixo Jequitinhonha até Belmonte. Criminosos natos, todos eles, autores de várias mortes e foragidos da lei. A polícia, na época, perseguia-os tenazmente e todos os caminhos por onde poderiam fugir estavam fortemente guarnecidos pelos volantes da Força Pública. Cercados dessa forma, os jagunços vislumbraram na minha empreitada uma oportunidade para escapar à justiça.

– Aceitá-los ou não? Eis o dilema que me preocupou. Perder essa oportunidade seria transtorno dos maiores. O administrador da fazenda tentou dissuadir-me da ideia de formar a minha expedição com esses inimigos da lei. Ansioso, todavia, para completar meus projetos, estava disposto a tudo. Agrupei os 18 clavinoteiros e dentre eles escolhi oito que me pareceram os menos perigosos. Feito isto, tratei do resto. Mandei acondicionar nos "cocalhos" (sacos que os sertanejos empregam nas suas viagens), os objetos de uso mais necessário, remédios, munições etc. Cada qual se muniu da carga máxima que pudesse transportar, incluindo mantimentos, que calculei suficientes para alcançar sem privações o outro extremo das matas, onde ficavam os primeiros povoados do Estado de Minas Gerais. Para não sobrecarregar demais os meus homens, calculei a reserva de alimentos fazendo o desconto da quantidade que a caça, durante o trajeto, nos poderia oferecer. Além do indispensável para o estômago, cada homem teve que carregar uma espingarda, uma garrucha comprida de dois canos e um facão apropriado para abrir caminho nos emaranhados da selva.

– Tudo pronto para a partida, chamei João e Ilarindo, fiz-lhes ver os perigos que teriam de enfrentar: ataques de animas ferozes e dos índios, as doenças traiçoeiras, os venenos das serpentes, os rigores da fome, da sede, do cansaço etc. Os dois rapazes não se mostraram desanimados ante essa descrição e mantiveram-se no firme propósito de me acompanhar.

– As mesmas advertências eu as repeti para os oito jagunços. Estes, porém, preferiam seguir. Entre a polícia e uma empreitada difícil, preferiam esta última. Enfim, avisei aos homens o que seria a expedição, insistindo para que se retirassem os que estivessem arre-

381

pendidos do compromisso assumido. Procedi assim para que mais tarde não se queixassem de que não os prevenira de tudo.

– Quando vi que todos estavam dispostos, tratei de pagá-los antecipadamente. Reuni primeiro os bandidos. Em presença de várias pessoas, dei-lhes quantia bastante avultada e, na vista dos mesmos, guardei o resto do dinheiro, que reservara para a viagem de retorno. Fui franco com os jagunços. Disse que sabia quem eram e que se um dia quisessem me roubar a pequena fortuna, que o fizessem sem matar ninguém, nem a mim, nem tampouco a João e Ilarindo, que lhes apresentei como meus homens de confiança.

Nada mais tinha a fazer. Agora, era só pôr-nos a caminho. Foi o que fizemos.

Sábado, 5 de novembro de 1938.

Depois de descrever quais os índios que infestavam a região baiana que invadiu ousadamente a organização da sua caravana, que se compunha de três homens bons, que eram ele e seus guias de confiança, João e Ilarindo, e oito bandidos, que aproveitou de um contingente de clavinoteiros, o dr. Frot prossegue a sua narrativa, e conta, agora, o que se passou nos primeiros dias de marcha através o sertão desconhecido e traiçoeiro.

Assim nos falou o dr. Frot:

– Com um dia de marcha, já seguíamos o curso do Jucuruçu rio acima, até certa altura. Passando, em seguida, para a bacia do Jequitinhonha, alcançamos S. Miguel, hoje vila de Jequitinhonha.

– Os primeiros dias de viagem decorreram sem anormalidade e dentro da maior harmonia. Todos os companheiros se mostravam satisfeitos. À noite, deitados ao redor de uma fogueira, contavam casos da vida de cada um. Pela espontaneidade desses relatos, fiquei saben-

ANEXO III

do o quanto tinham de perversos os jagunços da minha comitiva. Entre eles, havia um, de nome Manoel, que fora cativo de um potentado, e eram de arrepiar cabelo as histórias desse homem, que relatava com a maior indiferença uma série enorme de crimes praticados pelos escravos que trabalhavam sob suas ordens.

– Contudo, achava-me satisfeito. Os subalternos acatavam as minhas ordens e pareciam submeter-se de bom grado à disciplina que lhes impus. Até essa altura, não tivemos necessidade de desfalcar a nossa reserva de alimentos. A caça era abundante e fornecia-nos do indispensável.

– A caminhada é que se processava lentamente. A tanto nos obrigavam os obstáculos que encontrávamos a cada passo: ora eram as cortinas cerradas das taquaras, ora o emaranhado complicadíssimo dos cipós. Nestas condições, dificilmente conseguíamos avançar três quilômetros por dia.

– Já estávamos no décimo dia de marcha, quando João Araújo notou vestígios denunciadores de uma recente passagem dos índios, bem junto à margem do rio, onde paráramos para um descanso. Diante disso, o medo começou a dominar entre os meus homens.

– Aos seus efeitos, opus o meu otimismo, procurando fazer "blague". Confesso, porém, que esse bom humor não me saía muito natural. Também sentia qualquer coisa de estranho no meu íntimo. Contudo, a atitude que assumi, obrigado pelas circunstâncias, surtiu o efeito desejado, e pude observar que estava cercado de alguns dispostos, cuja valentia superava a fraqueza dos demais.

– Veio a noite, e os índios não apareceram. Dormimos sob a vigilância de sentinelas, que se revezavam de hora em hora. O que ninguém quis, depois da desagradável notícia, foi embrenhar-se no mato para caçar. Não era prudente, mesmo, um afastamento, diante da ameaça de possíveis imprevistos. Disso resultou lançarmos mão do alimento que trazíamos intactos desde o início da viagem.

– Com mais oito dias de marcha atingimos as grandes corredeiras do rio, onde novamente se tornaram visíveis os vestígios da presença dos selvícolas. Pelo resto das fogueiras, concluía-se que haviam

ALFREDO DOS ANJOS: VIAJANTE E CINEASTA LUSO-BRASILEIRO

pernoitado naquele ponto. O medo redobrou entre os mais fracos, enquanto que os fortes procuravam dominá-lo. Continuávamos sem os recursos da caça e as nossas provisões se esgotavam rapidamente. Recomendei a todos que usassem com prudência dos alimentos e fizessem o possível de guardá-los o mais possível [sic], enquanto não alcançássemos os povoados que deveríamos encontrar antes de chegar ao Jequitinhonha.

– Essa ponderação foi mal recebida pelos jagunços, que me acompanhavam, com exceção de Manoel, que se tornou um bom companheiro. Avisado por ele, soube que os facínoras estavam preparando uma fuga, que, aliás, ainda não tinham levado a efeito, com receio de um encontro com os índios.

– Sabendo disso e vendo que tinha perdido o controle sobre os clavinoteiros, resolvi não lhes dar mais importância. No dia seguinte, ao reiniciar a caminhada, pus-me à frente da caravana, mas não chamei, como de hábito, os companheiros que procuravam embaraçar a minha marcha. Meia hora caminhamos os quatro, eu, João Araújo, Ilarindo e Manoel, sem os importunos. Pouco depois, porém, chegavam os sete jagunços, correndo desesperadamente ao nosso encontro. Tiveram medo de se perderem na mata bravia. Assim continuamos a viagem, eu prevenido contra os homens e eles, provavelmente, ansiosos por uma oportunidade que lhes permitisse a desejada fuga.

Sábado, 12 de novembro de 1938.

Prosseguirá amanhã [sic], na edição dominical [sic] de *A Noite*, a série de reportagens em torno dos trabalhos do professor Apolinário Frot, que afirma ter descoberto no nordeste brasileiro, inscrições capazes de alterar os atuais conhecimentos sobre a etnografia universal.

ANEXO III

Segunda-feira, 14 de novembro de 1938.

Cada vez se torna mais empolgante a história dessa aventurosa jornada do dr. Frot e seus dez homens, através do sertão desbravado do interior baiano. Já sabemos como se iniciou a marcha, confiante nos elementos da sua caravana. Tudo correra bem até aparecerem os primeiros vestígios dos selvícolas perigosos que habitavam a região. Depois, veio o receio natural, que impediu a prática das caçadas e obrigou os expedicionários a lançarem mão dos alimentos que traziam desde o início da viagem sem tocar. Sete dos elementos, precisamente sete dos oito jagunços que integravam a comitiva do pesquisador francês, desanimados pelas dificuldades da jornada, planejaram uma fuga, que só não realizaram com medo de se perderem na mata bravia. Nesse pé deixamos a narrativa. Prosseguindo-a, o dr. Frot adianta novos e interessantes episódios dessa incursão ousada em terrenos ainda não desbravados pelo homem.

– Mais de quinze dias de penosas caminhadas. Chegamos, então, no ponto onde as vertentes do rio corriam do sul para o norte. Vimos ali uma trilha aberta pelos selvícolas, que subia, margeando uma dessas vertentes. Conhecia-se o caminho feito pelos nativos, pois, não dispondo de instrumentos cortantes, dobram os ramos das plantas à direita e à esquerda, deixando no meio a passagem. Pelas condições do solo, notamos que o caminho assim aberto era muito frequentado, o que demonstrava que a aldeia da tribo devia estar pelas proximidades.

– Achei prudente não ir ao encontro da taba, como tencionava a princípio. Seria perigoso defrontar [com] os selvagens, principalmente por ter a certeza de que o desânimo dos meus homens não permitiria feliz sucesso à empreitada.

– Desviamo-nos dos inimigos e prosseguimos a aventura. Quatro dias depois era consumida a última migalha da nossa reserva de provisões. Ilarindo e João Araújo ainda conseguiram abater um caititu e um jacu, que nos alimentaram dois dias. Estávamos, portanto, com dois [dias] de dieta forçada.

– Já sentindo os albores da fome, abandonamos o rio Jucuruçu e nos dirigimos a nordeste, numa caminhada cada vez mais penosa, sem nada encontrarmos que nos mitigasse a vontade de comer qualquer coisa.

– Seis dias já éramos uns pobres coitados, caminhando a esmo, dentro da selva bruta. Mastigávamos brotos e folhas para enganar o estômago. Chegamos ao ponto em que mesmo o homem civilizado olha o seu semelhante e pergunta a si mesmo se diante dele não está um bom petisco.

– Na noite que sucedeu a esse dia de sacrifício, o desânimo espalhou as suas malhas, enredando-nos na sua trama de espanto e de terror. Ilarindo, deitado sobre a folha de uma palmeira, chorava silenciosamente. Mas não pronunciava uma palavra de queixa.

– João Araújo, sentado no chão, corpo recostado ao tronco de uma sapucaia, parecia mergulhado em profunda meditação. Também se esforçava para não exteriorizar sua desventura. Entre os dois estava Manoel, o jagunço, que se tornara meu amigo. Mastigava alguma coisa. Só no dia seguinte, soube que o ex-clavinoteiro, no desespero da fome, comera uma rã. Os companheiros asseveravam que era um sapo. Separado do grupo principal, os sete jagunços não ocultavam o desespero que se lia nas feições enrugadas de cada um. Pareciam confabular, conversando baixinho. Todavia, as privações me deram tal agudeza aos ouvidos, que podia ouvir as suas queixas, lamentando não terem desistido da aventura... "Ele bem nos avisou, disse um deles, que íamos comer o pão que o diabo amassou..." Outro declarava que não podia mais caminhar e que, de preferência, morreria ali mesmo. Um terceiro, afinal, duvidava da minha informação de que, dentro de quatro dias, deveríamos encontrar uma povoação, e, fazendo pouco das minhas informações, acrescentou que eu sabia tanto quanto eles onde nos encontrávamos, e que o mais certo é que estávamos perdidos. Esses homens, à medida que falavam, olhavam para mim, denunciando a raiva que lhes ia no íntimo.

ANEXO III

– Apesar de cansado, estropiado, fazia força para não dormir. Angustiava-me a perspectiva de uma traição. Mas a escuridão da selva ali estava para permitir todos os planos de roubo, de saque ou de vingança...

Nesse ponto, o dr. Frot interrompeu a sua história, dando-me tempo para coordenar as minhas anotações. Dispus tudo em ordem para continuar a novela, tão ansioso para saber do seu desfecho, quanto o próprio leitor que a vem acompanhando.

Sexta-feira, 18 de novembro de 1938.

Vimos, anteriormente, que o dr. Frot e sua comitiva, ao surgirem os primeiros sinais de selvícolas, se abstiveram da caça que os alimentava. Obrigados a recorrer à provisão que haviam trazido da fazenda de onde partiram, depressa a esgotaram e começaram a sentir os horrores da fome. Os jagunços da caravana, desesperados, mostravam-se revoltados, e tudo indica nos mesmos um desejo de vingança contra o homem que os levara a tamanha desventura. Nessa altura já estavam com mais de 20 dias de marcha dentro da floresta impenetrável.

– Depois de passar uma noite horrível, da qual não pensava mais despertar, reuni os meus estropiados companheiros e reiniciei a marcha sertão adentro. Às dez horas chegamos a um riacho que deságua ao norte no Rubim do Sul, afluente, por sua vez, do Jequitinhonha. Apenas um filete d'água corria sobre o leito de areia fina, de alguns metros de largura. Para além, ao norte e a oeste, estendia-se uma grande várzea embrejada. Com aquiescência de todos, resolvi fazer uma parada nesse ponto para verificar se havia peixes nas águas empoçadas do pequeno riacho e nos brejais que lhe ficavam próximos. Enquanto se procedia a essa pesquisa, procurei matar algumas

ALFREDO DOS ANJOS: VIAJANTE E CINEASTA LUSO-BRASILEIRO

inhaúmas [anhumas] que esvoejavam espantadas, entre os galhos das grandes árvores. Não conseguindo, voltei pelo riacho ao ponto de partida, e observei, caídas ao solo, algumas frutas arredondadas, do tamanho de uma maçã.

– Notei, depois, que haviam despencado de um cipó que entrelaçava as árvores gigantes, onde outras se penduravam ainda. A polpa dessas frutas, já apodrecida, deixava ver dois caroços chatos, de três a quatro centímetros de comprimento e, mais ou menos, dois centímetros de espessura. Tinha por hábito experimentar todas as frutas que encontrava. Descobri-lhes um sabor igual ao das castanhas europeias. Com receio, fui comendo a fruta desconhecida e, como fosse grande a fome, acabei desprezando todas as cautelas e resolvi evitar a inanição completa devorando uma porção relativamente grande, ainda prevendo que fossem venenosas. Aconselhei aos meus homens que não fizessem o mesmo enquanto não soubesse se a ingestão seria ou não nociva ao meu organismo. De nada valeu o conselho. Dentro em pouco acabamos com o manjar desconhecido, comendo-lhes as amêndoas, cruas algumas e assadas outras. Passada uma hora, nossos ventres se avolumaram de tal forma, que não cabiam mais dentro das calças...

– A crise, felizmente, passou. Pouco depois chegavam os que haviam ido pescar com grande quantidade de peixe. Fartamo-nos com o pescado, embora [os peixes] tivessem o sabor de lama e os comêssemos quase crus. Foi outro desastre. Sobreveio-nos uma terrível indigestão.

– Foi sob os efeitos desse abuso alimentar que iniciamos a nossa marcha no dia seguinte. Passava do meio-dia, quando ouvimos, provindas da direção que caminhávamos, um ruído semelhante ao de um machado ferindo o tronco de uma árvore. Sustei a marcha, e como não soubesse que espécie de gente iríamos encontrar, examinei as nossas armas. Em seguida, cautelosamente, caminhei ao encontro do ruído. Descobri então uma choupana, do interior da qual partiam as pancadas. Observando melhor o ambiente, dei com um chapéu de couro pendurado do lado de fora, na parede da frente do casebre. Foi

ANEXO III

um alívio. Avancei, agora sem receio algum, e apresentei-me no interior da casa a um rapaz que estava debulhando arroz. O ruído que nos parecera de um machado era simplesmente produzido pelo batimento dos molhos desse cereal contra os travessões de um girão [?]. Estabelecido o primeiro entendimento, fiz sinal a João Araújo, que era o meu elemento de ligação, para que trouxesse o resto da caravana. Uma hora depois estávamos reunidos naquela choupana providencial. Foi um momento de emoção. Mesmo os jagunços, mal afeitos a essas demonstrações, abraçavam-se uns aos outros, soluçando como crianças.

– Pelo rapaz do rancho soubemos que estávamos no Crão [?], a nove léguas de Farancho [Aldeia do Farrancho, MG?], um lugarejo situado à margem direita do Jequitinhonha. Empregava-se o nosso hospedeiro em explorar um arrozal que os Botocudos deram permissão ao seu tio para cultivar. Soubemos, mais, que o aldeamento desses índios estava a um quarto de légua daquele lugar, onde os habitantes, de preferência, criavam galinhas.

– Imediatamente mandei o rapaz da choupana até esse aldeamento, de onde pouco depois voltava trazendo, com o auxílio de dois selvícolas, regular quantidade de galináceos. Foi o nosso primeiro banquete depois de quase termos morrido de inanição!

Não termina aqui a história do dr. Frot. Ainda resta contar o que sucedeu quando ele e sua caravana entraram de novo em contato com gente civilizada. O velho pesquisador foi até elevado à categoria de herói e foi alvo de uma verdadeira consagração pública.

[Interrompe-se aqui a narrativa por motivos não explicitados e só retornará em 2 de dezembro. Nesse ínterim, publica-se outra reportagem especial de igual tom: "A marcha para o oeste e o rio Paraná", de autoria de Theophilo de Andrade.]

Sexta-feira, 2 de dezembro de 1938.

Hoje, muito cedo, o dr. Frot veio surpreender-me na modesta pensão onde o Alfredo dos Anjos e eu estamos hospedados. Perguntou-me se já havia mandado as crônicas relativas à sua aventurosa travessia de Bahia a Minas pelo mais denso sertão dos dois estados. Como lhe afirmasse que sim, adiantou que desejava incluir no fim desse relato uma declaração que julgava indispensável. Disse-me, então, textualmente, o seguinte:

– Queria aproveitar esta oportunidade para fugir um pouco ao meu procedimento habitual e dizer qualquer coisa com relação aos que me conhecem e interpretam a seu modo o valor da minha obra. Jamais agradeci pela imprensa os que souberam louvá-la, como também nunca respondi àqueles que, por interesses desconhecidos ou por mera suposição, não a tenham compreendido. O meu silêncio tem servido a ambas as partes. Muito mais, porém, aos que duvidam da minha capacidade moral. Muitas calúnias têm sido repetidas e muitas campanhas têm sido feitas ao meu trabalho. Afianço, porém, que essa obra de descrédito continua a ser menosprezada pelos que me têm acompanhado neste meio século de aplicação e de pesquisas continuadas para desvendar os segredos das insculturas rupestres e dos documentos arcaicos da América. Considero-me em caminho para Meca; julgo, portanto, não valer a pena perder tempo no trajeto para jogar pedras...

– Somente a dois dos meus mais íntimos amigos – prossegue o dr. Frot, que me pareceu um pouco alterado – comunicava sempre os segredos das criptografias da minha coleção, à medida que os ia desvendando. Infelizmente, ambos já morreram. Um foi dos mais notáveis jurisconsultos da cidade do Salvador e o outro um sábio e impoluto magistrado da Bahia. Pelo título imerecido que os filhos deste último me atribuem, avalio o apreço em que seus pais tinham os meus trabalhos e a importância dos meus esforços.

ANEXO III

– Em resumo – acentua o professor –, pretendo dizer com tudo isso, que estou pronto a acatar qualquer opinião sobre o que fiz, pois, tenho a certeza de que crédulos e incrédulos merecem da minha parte a mesma consideração. Aos primeiros, considero amigos; aos segundos, não posso considerar inimigos, desde que me combatam unicamente no terreno das digressões científicas. Era isto o que tinha a dizer.

Anotava as últimas palavras das declarações do sábio de Correntina, quando o homem bate-me nos ombros e diz:

– Saiba que estou mesmo com vontade de ir para o Rio de Janeiro. Que me diz sobre isso?

Foi o Anjos que respondeu por sua própria conta, que essa decisão seria das mais acertadas, acrescentando, em seguida, com o entusiasmo que lhe é natural, as vantagens decorrentes da mesma para a divulgação completa da obra científica do decifrador de inscrições.

Deixei que o Alfredo dos Anjos desse toda a expansão ao seu quase discurso, para obtemperar, por minha vez, que somente o meu jornal poderia dar a última palavra sobre o assunto, uma vez que somente ele poderia custear as despesas da viagem e da manutenção do dr. Frot na capital da República.

– Bem – acrescenta o dr. Frot, concordando com o meu ponto de vista – antes de qualquer decisão a esse respeito, quero ouvir a opinião definitiva do meu amigo, o prefeito Joaquim Félix de Araújo e ainda outros, aos quais estou preso por uma série de compromissos.

Durante uma pequena excursão que fizemos, à tarde, pelos arredores de Correntina, combinei com o dr. Frot o prosseguimento da reportagem. O velho professor salientou então que o próximo capítulo ainda não deveria versar sobre a parte científica das suas atividades, acrescentando:

– Enquanto não resolver em definitivo a minha partida, ou não, para o Rio, sou de opinião que se focalizem outros aspectos da minha vida. Tenho ainda muita coisa interessante para contar. Interessante, digo, para o grande público, que, sei, aprecia histórias movimentadas. Explanações científicas, às vezes, se tornam áridas e não despertam a emoção que somente são possíveis na descrição de episódios noveles-cos. Já estou preparando a continuação da minha história e espero que ela [desperte] o devido interesse. Trata-se da minha permanência durante quatro anos no seio da tribo dos "Maxacalis". Contarei com a máxima fidelidade como vivi entre esse gentio semibárbaro e como vivem eles a sua existência primitiva, seus usos, seus costumes etc. Foi a mais notável das minhas aventuras. Durante esses quatro anos, desapareci do mundo, fui dado como morto e todos os jornais da Bahia, noticiando o meu desaparecimento, transcreviam cartas, nas quais a minha família, da França, solicitava informações acerca do meu paradeiro.

Concordei com a sugestão. Essa história vai ser, de fato, outro capítulo movimentado do romance de verdade que estou escrevendo em Correntina.

Domingo, 4 de dezembro de 1938.

De posse das instruções do meu jornal acerca da partida do dr. Frot para a capital em nossa companhia, eu e o Alfredo dos Anjos, com a satisfação natural de quem está prestes a afogar uma grande saudade, combinamos providências sobre o regresso, dispondo em ordem as nossas bagagens e acertando outras medidas indispensáveis. Restava, é verdade, a resposta do dr. Frot. Tudo, porém, indica que ele acabará seguindo conosco.

Logo após o almoço, fomos procurar o dr. Frot. Dissemos-lhe do telegrama e expusemos em seguida em quais condições o jornal concordaria com a sua partida para o Rio de Janeiro. Mais depressa do que esperava, o dr. Apolinário Frot anuiu à proposta feita, acentuando que se prepararia quanto antes para a longa jornada, de modo a não nos prender por muito tempo mais em Correntina.

ANEXO III

Domingos, o nosso "cabra", foi avisado da partida e tratou de prender os animais da tropa, num pasto onde lhe seria mais fácil apanhá-los no momento preciso.

O resto desse dia foi aproveitado para os arranjos finais. O dr. Frot reuniu a sua grande coleção de documentos, de insculturas e outros originais da sua obra, empacotando tudo em quatro grandes malas de couro. No dia seguinte, muito cedo, tiveram início as despedidas, que se prolongaram em todo o seu transcorrer. Foi preciso percorrer casa por casa, pois em toda a cidade o nosso novo companheiro de viagem possuía amigos. Mais demoradamente, entretanto, foi a última visita do dr. Frot à casa do seu velho amigo, [major] Félix Joaquim de Araújo, prefeito da localidade. O bom homem nos ofereceu um almoço e marcou para tarde, na pensão, um jantar de despedida em homenagem a *A Noite* e ao dr. Frot.

Foi uma reunião fraterna esse jantar. A ele compareceram numerosas pessoas, amigos e admiradores do velho sábio, que o cumularam de gentilezas. *A Noite* também foi expressivamente festejada com elogiosas referências, que se repetiram em sucessivos discursos.

Feitas as despedidas e recebidas as homenagens, marcamos para amanhã a nossa partida de Correntina. Teremos que vencer o mais vagarosamente possível o difícil percurso pelo sertão até Santa Maria, pois o dr. Frot, devido à sua idade, não suportaria uma viagem muito apressada. Em Santa Maria, apanharíamos um "gaiola" até o Sítio do Mato, de onde, afinal, o primeiro "fluvial" do S. Francisco que passasse nos levaria até Pirapora, ponto terminal de um dos ramais da Central do Brasil.

Surgiu, todavia, uma pequena dificuldade. Não poderíamos seguir enquanto não arranjássemos um bom animal de sela para o dr. Frot. Os que havia eram burros de tropa, trotões, de marcha dura, imprestáveis para garantir-lhe uma excursão menos estafante. Já perdíamos as esperanças de encontrar um bom cavalo, quando um tropeiro, vindo de Goiás, e chegado há poucos dias em Correntina, ofereceu-nos um burrinho, pequeno, que, à primeira vista, parecia um autêntico "pangaré".

ALFREDO DOS ANJOS: VIAJANTE E CINEASTA LUSO-BRASILEIRO

– Esse é bom mesmo – afirmava o homem –, macio e andador de verdade. Pode experimentar...

Levamos o animal para que fosse experimentado pelo próprio dr. Frot. Era bom mesmo. Andava relativamente depressa e sem sacudidelas violentas. Pagamos ao tropeiro de Goiás e incluímos o burrinho na tropa do Domingos. O outro animal para carregar a bagagem do pesquisador não foi difícil encontrar, embora fosse preciso um de resistência fora do comum, pois os volumes dos documentos, principalmente, eram pesadíssimos.

Às seis horas de amanhã, cedo, segundo as últimas disposições tomadas, estaremos em marcha para Santa Maria, onde deveremos chegar com dois ou três dias de viagem. Esta correspondência, portanto, é a última que escrevo de Correntina, aproveitando um mensageiro que parte hoje, à noite, para Santa Maria, e alcançará ali o "gaiola" "S. Francisco", que deixa amanhã aquele porto com destino a Sítio do Mato. Tivéssemos decidido a nossa partida uns três dias antes, teríamos também alcançado esse vapor.

Entretanto, aproveitarei minha estada forçada no pequeno porto fluvial do rio Corrente, para pôr em dia a correspondência, iniciando um dos capítulos mais interessantes dessa sensacional reportagem. Precisamente o que descreverá a vida do dr. Frot durante a sua permanência de quatro anos seguidos entre os índios semibárbaros da tribo dos "Maxacalis".

[Infelizmente, termina assim a série especial e, como se sabe, o nome do dr. Frot será mencionado outra vez no jornal *A Noite* apenas quando de seu obituário. O que terá sido feito da sua "grande coleção de documentos, de insculturas e outros originais da sua obra [...] tudo em quatro grandes malas de couro"? – é uma pergunta que aqui fica.]

NOTAS E
REFERÊNCIAS BIBLIOGRÁFICAS

INTRODUÇÃO

1 BRASIL. Arquivo Nacional. Conselho Nacional de Economia. *Processo nº 66/34*. Rio de Janeiro — RJ. Conjunto de documentos, lata 158: **A)** Carta de Alfredo dos Anjos ao presidente Getúlio Vargas, 20 de agosto de 1934, protocolo nº 139/34, 2ª Secção da Directoria de Justiça da Secretaria da Justiça e Negócios Internos. Recebida pelo Gabinete do Ministro da Justiça em 15 de setembro de 1934, depois de obter, provavelmente em 28 de agosto de 1934, o número 46.966 pela Secretaria da Presidência da República. Anexo intitulado "Propaganda Internacional do Brasil pelo Cinema com *O Brasil maravilhoso*", basicamente uma extensão da carta antecedente, que reitera os argumentos já utilizados e acrescenta a descrição dos assuntos do filme. E, por último, transcrição dos intertítulos de todas as partes da obra. Os três materiais vêm com o papel timbrado da produtora Cosmos Filme. **B)** Recortes de periódicos portugueses, possivelmente organizados por Alfredo dos Anjos, sem identificação precisa de datas e fontes; e anúncio do programa do Teatro Avenida, em Vila Real, divulgando exibição de filmes em 25 de junho de 1932, impresso pela Tip. Reclamo Teatral, rua do Cativo, 18 — Porto, com a mesma tipografia utilizada para o papel timbrado da empresa. **C)** Carta-padrão, no mesmo papel timbrado, com espaços em branco a serem preenchidos conforme o acordo firmado, assinado por Alfredo dos Anjos e Manoel Suarez, incluindo o endereço para correspondência: rua do Teatro S. João, 117 — Porto.

CAPÍTULO 1

2 PORTUGAL. Direção-Geral do Livro, dos Arquivos e das Bibliotecas. Arquivo Distrital Castelo Branco. *Registro de passaporte de Alfredo dos Anjos*. Lisboa, 1897. Disponível em: <http://digitarq.adctb.arquivos.pt/details?id=1059183>. Acesso em: 19 jan. 2021.

3 *O Paiz*, Rio de Janeiro, 24 fev. 1923, p.3; *Gazeta de Notícias*. Rio de Janeiro, 24 fev. 1923, p.6; BRASIL, Arquivo Nacional. Coordenação de Documentos Escritos. Coordenação Geral de Processamento e Preservação do Acervo. Índices nominais, nº 674/2003. Rio de Janeiro, 2 jun. 2003. Confirma-se a informação sobre a naturalização em ambos os periódicos. Na carta ao presidente Getúlio Vargas (BRASIL. Op. cit.), explicita-se melhor o processo: "considerado Brasileiro pela antiga Carta Constitucional da República e

ALFREDO DOS ANJOS: VIAJANTE E CINEASTA LUSO-BRASILEIRO

agora [24 de julho de 1933] o ser legalmente pela Naturalização que vossa excelência se dignou conceder-me". A título de curiosidade: em pesquisa realizada no Arquivo Nacional, sobre os documentos de naturalização correspondentes aos anos de 1823 a 1959, não foi identificado o nome de Alfredo dos Anjos.

4 *Correio da Manhã*, Rio de Janeiro, 22 maio 1911, p.6.

5 *O Paiz*, Rio de Janeiro, 8 nov. 1912, p.9; *Jornal do Brasil*. Rio de Janeiro, 11 nov. 1912, p.11.

6 *Jornal do Brasil*, Rio de Janeiro, 21 maio 1913, p.10.

7 *Jornal do Brasil*, Rio de Janeiro, 15 abr. 1913, p.11.

8 *Gazeta de Notícias*, Rio de Janeiro, 25 abr. 1914, p.5-6. Antonio Augusto discrimina em detalhes as irregularidades e alerta: "Se os credores não intervierem, imediatamente, será tarde demais". Historia primeiro a formação da empresa: "Alfredo dos Anjos e Manoel Guerra constituíram em 19 de abril de 1913 o seu capital com o valor demonstrado pelo balanço dado à casa Anjos Paul & C., de quem eram cessionários. Com raro desinteresse, favorecendo os novos sócios João Amaral e Oscar, deram um valor baixo à mercadoria de menos fácil venda, não valorizaram o contrato da Fábrica nem os juros de 140 contos a pagar em prestações de 5 contos até junho de 1916".

Depois, descreve os incômodos sofridos por Alfredo. Em conluio com o guarda-livros Thomas Costa, João Amaral burla os balanços (setembro), compra a parte de Albano Ferreira Lima, outro concessionário da Anjos Paul & C., e acaba por destruir todo o capital de Anjos (dezembro) que, se saísse, nada mais receberia. Alfredo dos Anjos adia a decisão de rompimento, pede a garantia de algumas promissórias com desconto, deprecia o preço de mercadorias existentes, mas o enrosco adentra o ano de 1914 até que, em 15 de abril, orientado pelo dr. Evaristo de Moraes, escreve carta comunicando sua saída da empresa. Uma súbita doença de João Amaral protela o desenlace. Intimado judicialmente, "remédio eficacíssimo para a grave doença que o detinha em casa", Amaral requer liquidação judicial da empresa, com a cumplicidade de Oscar, Manoel Guerra e Thomas Costa, e procura fazer dinheiro a qualquer custo, recebendo dos devedores e vendendo estoques. "Teria feito mais um 'bom negócio' e os credores teriam perda total" – aponta o relatório. A tática pareceu certeira e Amaral "iria em seguida para a sua confortável propriedade em S. Paulo gozar o que assim ganhara 'honradamente' no Brasil".

9 *Jornal do Brasil*, Rio de Janeiro, 21 jun. 1914, p.18.

NOTAS E REFERÊNCIAS BIBLIOGRÁFICAS

10 *O Paiz*, Rio de Janeiro, 29 jul. 1909, p.3; *O Paiz*, Rio de Janeiro, 19 jul. 1910, p.3; *O Paiz*, Rio de Janeiro, 21 set. 1911, p.3; *O Paiz*, Rio de Janeiro, 15 out. 1912, p.3; *Correio da Manhã*, Rio de Janeiro, 30 ago. 1910, p.2; *Gazeta de Notícias*, Rio de Janeiro, 30 ago. 1910, p.6; *A Notícia*, Rio de Janeiro, 29-30 ago. 1910, p.2; *A Imprensa*, Rio de Janeiro, 15 out. 1912, p.15. Em 1909, partira para Southampton; no ano seguinte, Buenos Aires e Manaus, com escalas. Para a Europa, "com a família", embarcara em setembro de 1911, de onde vem a retornar via Southampton apenas em novembro de 1912, como se confirma nos jornais *O Paiz* e *A Imprensa*.

11 *Jornal do Brasil*, Rio de Janeiro, 22 mar. 1915, p.10; *Gazeta de Notícias*, Rio de Janeiro, 22 mar. 1915, p.4.

12 *Jornal Pequeno*, Recife, 17 jun. 1915, p.3; *Jornal Pequeno*, Recife, 18 jun. 1915, p.4. Em ambas as fontes, repete-se o anúncio.

13 *Gazeta de Notícias*, Rio de Janeiro, 5 abr. 1916, p.5.

14 ANJOS, Alfredo dos. *O Rio S. Francisco.* Rio de Janeiro: F. Borgonovo, [1917 ou 1918], p.49-50. Divergência de datas: na capa (1917) e na página de rosto (1918).

15 *Correio da Manhã*, Rio de Janeiro, 7 abr. 1916, p.5; *Correio da Manhã*, Rio de Janeiro, 8 abr. 1916, p.6; *Correio da Manhã*, Rio de Janeiro, 9 abr. 1916, p.6. Nos três dias seguidos, o anúncio é repetido *ipsis litteris*.

16 *Gazeta de Notícias*, Rio de Janeiro, 5 ago. 1916, p.6, de onde procedem as citações posteriores.

17 Ibid. O artigo procura, ainda, justificar a posição adotada, antecipando-se às dúvidas de suspeição: "Não se trata de uma 'poderosa' companhia, nem de uma importante 'mútua' e muito menos de uma 'duplicadora' que ofereça 100 a quem der 10!".

18 ANJOS, Alfredo dos. Op. cit., p.50.

19 *A Noite*, Rio de Janeiro, 16 nov. 1916, p.4; *Gazeta de Notícias*, Rio de Janeiro, 17 nov. 1916, p.6; *A Noite*, Rio de Janeiro, 18 nov. 1916, p.4. A querela se desenrola pelos jornais.

20 *O Paiz*, Rio de Janeiro, 5 nov. 1916, p.2.

21 *A Época*, Rio de Janeiro, 4 ago. 1917, p.2.

ALFREDO DOS ANJOS: VIAJANTE E CINEASTA LUSO-BRASILEIRO

22 *A Província*, Recife, 23 ago. 1917, p.1.

23 ANJOS, Alfredo dos. Op. cit., p.54-61. Todas as citações seguintes remetem à mesma sequência de páginas da fonte.

24 *O Imparcial*, Rio de Janeiro, 24 set. 1919. s.p.; *O Imparcial*. Rio de Janeiro, 2 out. 1919, p.5; *O Jornal*, Rio de Janeiro, 24 set. 1919, p.2; *Correio da Manhã*. Rio de Janeiro, 2 out. 1919, p.4; *O Jornal*, Rio de Janeiro, 2 out. 1919, p.2; *O Jornal*, Rio de Janeiro, 17 out. 1919, p.3. Tais fontes apresentam informações mais pormenorizadas sobre o Congresso.

25 *O Imparcial*, Rio de Janeiro, 3 ago. 1917, p.7.

26 *Jornal do Brasil*, Rio de Janeiro, 12 set. 1917, p.10; confirmação em *O Imparcial*, Rio de Janeiro, 12 set. 1917, p.7.

27 *A Província*, Recife, 14 jun. 1918, p.2.

28 *Gazeta de Notícias*, Rio de Janeiro, 17 abr. 1920, p.6; confirma-se em *Jornal do Brasil*, Rio de Janeiro, 17 abr. 1920, p.6: "seguiram para o Norte, pelo Bahia...".

29 *Gazeta de Notícias*, Rio de Janeiro, 19 set. 1920, p.8.

30 *Correio da Manhã*, Rio de Janeiro, 7 out. 1920, p.12; *Correio da Manhã*, Rio de Janeiro, 8 out. 1920, p.10; *Correio da Manhã*, Rio de Janeiro, 9 out. 1920, p.10. A mesma informação é repetida nas três edições do jornal.

31 *Almanak Laemmert:* administrativo, mercantil e industrial. Rio de Janeiro, 1921-22, p.3233. A anotação "Estado da Bahia – Capital Comissões, consignações e representações [...]. Alfredo dos Anjos & Cia., r. Julião, 7, 1º", repete-se nos outros anos até 1926 (ibid., vol. III, p.188).

32 *O Paiz*, Rio de Janeiro, 27 abr. 1922, p.4. A mesma fonte informa: "A serraria, que será de tipo americano, terá as suas máquinas movidas a vapor, por meio de um motor de 35 HP de força, devendo ser utilizadas como combustível as sobras de paus ou casqueiros. Evitando por esse meio o transporte de madeira em bruto, pois que esta será colhida mesmo à margem do rio, a sua condução para o ponto de embarque, que é a próspera cidade de Pirapora, far-se-á em um rebocador. O capital da companhia é de 250:000$, já se achando todo subscrito".

NOTAS E REFERÊNCIAS BIBLIOGRÁFICAS

33 AMARAL, M. Moura Brasil. Contribuições para o estudo e conhecimento das zonas de irrigação do Nordeste do Brasil. *Architectura no Brasil*: Engenharia, Construção. Rio de Janeiro, n.5, fev. 1922, p.175. A biobibliografia assim o discrimina: "Alfredo dos Anjos: Português. Viajante que percorreu todos os países do mundo, inclusive o Brasil, onde visitou vários Estados. Aqui reside atualmente, na Bahia. É sócio efetivo da Sociedade Nacional de Agricultura. Escreveu o seguinte trabalho, que contém dados muito curiosos: O RIO S. Francisco. O vale do rio S. Francisco é o celeiro do Brasil. Descrição de algumas de suas riquezas e belezas naturais, sua importância agrícola e industrial, viação fluvial, comércio, saneamento, maneira fácil de sua exploração e outras notas interessantes expostas na conferência feita a 21 de agosto de 1917 na Sociedade Nacional de Agricultura. Rio de Janeiro. Estabelecimento gráfico F. Borgonovo. 91, rua do Lavradio. 1918. Opúsculo de 62p.".

34 *O Paiz*, Rio de Janeiro, 21 set. 1920, p.8.

35 *Diário da Manhã*: Órgão do Partido Construtor. Vitória, 18 ago. 1923, p.7.

36 *A Federação:* Órgão do Partido Republicano. Porto Alegre, 9 out. 1923, p.7.

37 *A Federação:* Órgão do Partido Republicano. Porto Alegre, 28 mar. 1922, p.1.

38 *O Jornal*, Rio de Janeiro, 26 nov. 1927, p.5; para o julgamento: *Gazeta de Notícias*, Rio de Janeiro, 17 abr. 1928, p.6.

39 *O Imparcial*, Rio de Janeiro, 6-7 abr. 1925, p.8.

40 *Correio da Manhã*, Rio de Janeiro, 10 nov. 1927, p.13.

41 *O Jornal*, Rio de Janeiro, 23 dez. 1920, p.9.

42 *Correio da Manhã*, Rio de Janeiro, 4 fev. 1922, p.8.

43 *Pacotilha*, São Luís do Maranhão, 14 abr. 1923, s.p.; confirmação em: *Diário de S. Luiz*, São Luís do Maranhão, 14 abr. 1923, s.p. [fonte esta a indicar Belém como destino].

44 *A Província*, Recife, 9 set. 1924, p.3.

45 *A Província*, Recife, 19 set. 1924, p.3.

46 *O Imparcial*, São Luís do Maranhão, 2 fev. 1927, p.7.

ALFREDO DOS ANJOS: VIAJANTE E CINEASTA LUSO-BRASILEIRO

47 ANJOS, Alfredo dos. *Uma viagem encantadora (do Rio de Janeiro à Terra do Fogo)*. Rio de Janeiro: Davol & Cia Limitada, 1927, p.5. Para a feitura desse livro, acorreu o patrocínio de empresas do ramo profissional do autor (uma fábrica de lustre, um importador de perfis metálicos, um depósito de esmeris, uma serraria de mármores), com destaque a J. M. Mello & Cia., fabricante, importador e exportador de ladrilhos hidráulicos e azulejos. Indica-se na capa a série *As grandes viagens de Alfanjos*, da qual é citado pelo menos outro livro, *Do Rio de Janeiro ao Rio da Prata*, publicado dois anos antes, em 1925. Deste, porém, não foi encontrado nenhum exemplar, restando a dúvida: trata-se da descrição de outra viagem, ocorrida antes daquela de 1922, ou seria um relato parcial da viagem mais extensa ampliado para publicação em 1927?
Nesse mesmo período, Alfanjos publicaria ainda *O futurismo rasional* – "livro de crítica social, cheio de ideias e de esquisitices ortográficas" –, do qual também não foram localizados exemplares remanescentes (*Fon Fon*, Rio de Janeiro, n.10, 5 mar. 1927, s.p.).

48 Ibid., p.34. Aliás, no Rio de Janeiro insinua um aprochego amoroso: "fui rir-me um pouco no Teatro São Pedro onde se representou 'As Doutoras' e donde saí acompanhado de pessoa amiga para ir e sonhar com as Doutoras".

49 *O Paiz*, Rio de Janeiro, 13 jul. 1922, p.2, e também *Gazeta de Notícias*, Rio de Janeiro, 13 jul. 1922, p.3.

50 *Correio Paulistano*, São Paulo, 5 jun. 1928, p.3; repete-se em *O Paiz*, Rio de Janeiro, 4-5 jun. 1928, p.2.

51 ANJOS, Alfredo dos. Op. cit., 1927, p.27-32.

52 *Correio da Manhã*, Rio de Janeiro, 23 maio 1928, p.8.

53 *Correio da Manhã*, Rio de Janeiro, 30 maio 1928, p.7.

54 *Correio da Manhã*, Rio de Janeiro, 5 jun. 1928, p.16.

55 *Correio da Manhã*, Rio de Janeiro, 7 jun. 1928, p.9.

NOTAS E REFERÊNCIAS BIBLIOGRÁFICAS

CAPÍTULO 2

56 *Jornal do Brasil*, Rio de Janeiro, 16 fev. 1914, p.6. O conferencista relata "o modo por que os canoeiros do Xingu passam as cachoeiras, mostrando o arrojo de nossos sertanejos. No final da exposição o sr. Fontoura fez um de seus índios tocar uma ária de seu repertório em uma pequena flauta de sua confecção. [...] O orador foi muito aplaudido ao terminar".

57 ANJOS, Alfredo dos. Op. cit., [1917 ou 1918].

58 PORTUGAL Actual. In: UBI. *Cine PT – cinema português*. Disponível em: <http://www.cinept.ubi.pt/pt/filme/4643/Portugal+Actual>. Acesso em: 19 jan. 2021; CRONOLOGIA. In: *Instituto Camões*. Cinema português. Disponível em: <http://cvc.instituto-camoes.pt/cinema/cronologia/cro030.html>. Acesso em: 19 jan. 2021. As duas filmografias portuguesas registram o título como produção nacional. Em Cine PT, existe apenas menção a esse documentário, datando-o de 1928. A página "Cinema português" informa de maneira mais completa: "25 de junho – [...] No Brasil, Salão Central (Rio de Janeiro) estreia o documentário PORTUGAL ACTUAL", ou seja, uma informação proveniente da única e exclusiva exibição no Brasil.

59 UBI. *Cine PT – cinema português*. Disponível em: <http://www.cinept.ubi.pt>. Acesso em: 19 jan. 2021. Um passeio pelo *site Cine PT* é bastante esclarecedor. O filme exibido por Alfredo dos Anjos pode ser a somatória de: *A Serra da Arrábida* (1927), *Festas da Restauração de Portugal* (1926), *O sanatório do Outão* (1927), *Pesca no Seixal* (1924), *A eletrificação da linha de Cascais* (1926), *Entrega da bandeira da cidade aos bombeiros municipais* (1927), *Corrida de touros no Campo Pequeno em festa artística de José Casimiro* (1926), todos produzidos ou distribuídos pela Sociedade Raul Lopes Freire e, talvez, *A grande parada militar de Lisboa* (1926), do qual não se conhece o produtor ou distribuidor.

60 *A Noite*, Rio de Janeiro, 8 jan. 1929, p.1, de onde foram retiradas as informações do último parágrafo e as que se seguem.

61 No ANEXO III – "Decifrando as inscrições do Nordeste do Brasil", detalhes significativos sobre a vida do pesquisador francês confirmam a impressão.

62 *Crítica*, Rio de Janeiro, 8 jan. 1929, p.VII.

63 *Crítica*, Rio de Janeiro, 10 jan. 1929, p.VI.

64 *O Estado de S. Paulo*, São Paulo, 9 jan. 1929, p.4; *Folha da Manhã*, São Paulo, 9 jan. 1929, p.1; *Diário Nacional*, São Paulo, 9 jan. 1929, p.2. Os três jornais reproduzem a matéria de *A Noite*, Rio de Janeiro, 8 jan. 1929, p.1.

65 *A Noite*, Rio de Janeiro, 12 jan. 1929, p.1-2.

66 *A Noite*, Rio de Janeiro, 15 jan. 1929, p.6.

67 *A Província*, Recife, 18 jan. 1929, p.1; *O Dia*, Curitiba, 18 jan. 1929, p.8; *Pacotilha*, São Luís do Maranhão, 14 fev. 1929, p.8; *A Reforma*, Tarauacá, 7 jul. 1929, p.1.

68 *O Paiz*, Rio de Janeiro, 18 jan. 1929, p.2.

69 *O Paiz*, Rio de Janeiro, 15 mar. 1929, p.1, 4.

70 *A Manhã*, Rio de Janeiro, 1 fev. 1929, p.7. Em todas as fontes encontradas, trata-se da única citação ao nome de Luis Seel. Provavelmente, ele foi o autor das animações didáticas que iniciam o filme, segundo comprova sua assinatura em um dos desenhos de abertura.

71 *A Manhã*, Rio de Janeiro, 1 fev. 1929, p.7; *Gazeta de Notícias*, Rio de Janeiro, 2 fev. 1929, p.7; *O Paiz*, Rio de Janeiro, 2 fev. 1929, p.6; *Coluna Operária*, Rio de Janeiro, 2 fev. 1929, p.5; *Crítica*, Rio de Janeiro, 8 fev. 1929, p.VII. Em *A Manhã* repete-se a reportagem *ipsis litteris*, e com alterações de parágrafos, é reproduzido em *O Paiz*, *Coluna Operária* e *Crítica*, continuando a divulgação.

72 *Crítica*, Rio de Janeiro, 8 fev. 1929, p.VII.

73 *Cinearte*, Rio de Janeiro, n.161, 27 mar. 1929, p.9.

74 Ibid., p.5.

75 *Diário de Minas*, s.l. 7 nov. 1929, p.2, apud GALDINO, Márcio da Rocha. *Minas Gerais, ensaio de filmografia*. Belo Horizonte: Secretaria Municipal de Cultura e Turismo, Prefeitura de Belo Horizonte, 1983, p.152-3.

76 *A Violeta*: Órgão do Grêmio Literário Julia Lopes. Cuiabá, 30 jun. 1929, p.10. A fonte também informa: "O Governo do Estado, contratando com a empresa do Cine Parisien duas exibições desse esplêndido filme para o mundo escolar, prestou mais

NOTAS E REFERÊNCIAS BIBLIOGRÁFICAS

um valioso serviço aos seus jovens coestaduanos, que lhe saberão agradecer esse nobre gesto em que traduz fielmente o interesse que dedica à instrução da sua terra. Merecem louvores os esforços da Empresa J. F. Bodstein & Comp. em proporcionar-nos as esplêndidas funções como as que temos assistido".

77 *A Noite*, Rio de Janeiro, 7 fev. 1930, p.5; outras notas em *Gazeta de Notícias*, Rio de Janeiro, 6 fev. 1930, p.5; *Diário Nacional*, São Paulo, 8 fev. 1930, p.7

78 *A Noite*, Rio de Janeiro, 7 fev. 1930, p.5.

79 *O Paiz*, Rio de Janeiro, 9 fev. 1930, p.13.

80 *Cinearte*, Rio de Janeiro, n.209, 26 mar. 1930, p.5.

81 BRASIL. Cinemateca Brasileira. Centro de Documentação e Pesquisa da Cinemateca Brasileira. Coleção Raquel Gerber. *Folheto de programação da Cinemateca do MAM*. Acesso: BR CB ARG-35, 1966; id. *Certificado de Censura nº 1758*, livro 4º, 30 nov. 1928. Acesso: BR CB CENS FB/00079.
O certificado de censura, emitido pela Censura Teatral e Cinematográfica da Delegacia de Costumes e Jogos / Belo Horizonte / Serviço de Investigações / Secretaria da Segurança e Assistência Pública do Estado de Minas Gerais, comprova, senão a passagem, pelo menos a intenção de exibição do filme em Belo Horizonte. O folheto de programação (1966) assevera que o filme da Botelho foi "adquirido pelo viajante internacional Alfredo dos Anjos" para compor sua coleção particular, o que explica o desaparecimento do curta-metragem do circuito exibidor e fundamenta a hipótese de incorporação de parte do seu título.
Em meio aos fragmentos subsistentes de *O Brasil maravilhoso*, conforme será abordado no capítulo seguinte, são encontrados trechos dessa produção da Botelho; entretanto, a apropriação de Alfredo dos Anjos deve ter se restringido apenas ao título, pois toda a documentação colhida não sinaliza nem uma sequência sequer com indígenas, tema do filme adquirido. Dificilmente o curta da Botelho teria sido acoplado à película de Alfredo dos Anjos sem que outras fontes citassem cenas com tamanho apelo à curiosidade da época. A Cinemateca do MAM-RJ, entidade que primeiro abrigou o espólio fílmico de Alfredo dos Anjos, na mencionada programação de 1966, juntou os dois Brasis Maravilhosos, o de Alfredo e o da Botelho, como se fossem uma única peça, promovendo ou dando princípio à miscelânea dos únicos materiais remanescentes de *O Brasil maravilhoso*.

CAPÍTULO 3

82 BRASIL. Cinemateca Brasileira. Preservação de Filmes. *Rolo de filme*. Acesso: SP01503X; id. *Rolo de filme*. Acesso: NN00339X; id. *Rolo de filme*. Acesso: SP02161X; id. *Rolo de filme*. Acesso: 20063-04X. *Rolo de filme*. Acesso: 33982-01. *Rolo de filme*. Acesso: NN00348X. Centro de Documentação e Pesquisa da Cinemateca Brasileira. *Decupagem*. Acesso: R.1684/4; id. *Decupagem*. Acesso: R.1684/7. *Ficha de Inventário*. Acesso: FI 01285.

83 Na página 144, Alfredo dos Anjos é o segundo homem da esquerda para a direita, e dr. Frot é o último homem debruçado sobre o mapa.

84 O rio Peruaçu nasce no Parque Nacional das Cavernas de Peruaçu, norte de Minas Gerais, e deságua no rio São Francisco, ainda em Minas.

85 *Cinearte*, Rio de Janeiro, n.161, 27 mar. 1929, p.4.

86 Não existe este intertítulo nem comentário sobre os planos subsequentes na carta de Alfredo dos Anjos a Getúlio Vargas. Porém, folha manuscrita encontrada no interior das latas originais, indicando os positivos e os contratipos de sete partes, traz a menção a Ruy Barbosa; e no material remanescente este segmento está incluso ao filme. Em algum momento, pelo menos para a plateia baiana, a sequência esteve presente. Talvez Alfredo, na versão que preparou para o presidente Vargas, já imaginava excluídos esses planos. Por ser material sobrevivente na cópia principal, foi decisão mantê-los.

CAPÍTULO 4

87 *Correio da Manhã*, Rio de Janeiro, 17 jul. 1930, p.3.

88 *O Dia*, Curitiba, 18 jul. 1930, p.8; *O Combate*, São Luís do Maranhão, 18 jul. 1930, p.4. *Diário da Tarde*, Curitiba, 22 jul. 1930, p.2 [transcreve *ipsis litteris* a matéria do *Correio da Manhã*, depois do tom cauteloso ou jocoso com que a comentara em sua edição de 18 jul. 1930].

NOTAS E REFERÊNCIAS BIBLIOGRÁFICAS

89 *Correio da Manhã*, Rio de Janeiro, 23 jul. 1930, p.6; *Diário de Notícias*, Rio de Janeiro, 23 jul. 1930, p.8.

90 *Diário de Notícias*, Rio de Janeiro, 23 jul. 1930, p.8.

91 *Diário da Tarde*, Curitiba, 15 jun. 1933, p.7. Apenas à guisa de curiosidade: o filme *Ao redor do Brasil*, ao ser exibido em Curitiba, no cinema Para Todos e no cine-teatro Odeon, em 1933, apropria-se do título de Alfredo dos Anjos: "*O Brasil maravilhoso* [...] executado durante a inspeção de fronteiras realizada pelo grande sertanista brasileiro General Candido Rondon e sob sua imediata direção, com a cooperação do major L. Thomaz Reis". Os anúncios aparecem no mesmo jornal em 13, 14, 16 e 19 do mesmo mês.

92 *Cinearte*, Rio de Janeiro, n.234, 20 ago. 1930, p.8; *Cinearte*, Rio de Janeiro, n.236, 3 set. 1930, p.32. Para compreensão do fenômeno cavação, tão execrado pelo resenhista, ver ANEXO I – "A cavação como método".

93 *Selecta*, Rio de Janeiro, 23 jul. 1930, p.14.

94 *Fon Fon*, Rio de Janeiro, n.31, 2 ago. 1930, p.69. Anúncio de 1932, impresso pela Casa Minerva, de Coimbra, reproduz trecho da resenha.

95 BERNARDET, Jean-Claude. *Filmografia do cinema brasileiro 1900-1935:* jornal *O Estado de S. Paulo.* São Paulo: Secretaria da Cultura; Comissão de Cinema, 1979, filme 1930-66.

96 Ibid. A obra de Bernardet faz referências a vários longas-metragens de características semelhantes: *Brasil grandioso (I)*, de 1924, produzido por Alberto Botelho, divulgado como "hino de glória à nossa terra"; *O Brasil desconhecido (I)*, subintitulado *Os sertões do Mato Grosso*, com seis partes, de produção da Pátria Filme em 1925, que dá conta de "um pedaço desta nossa formosa pátria"; *O Brasil desconhecido (II)*, com sete partes, distribuído pelo Programa Barone em 1930, "que desvenda aos brasileiros um pedaço misterioso de nossa terra"; e de 1931, *Brasil Grandioso (II)*, com oito partes, do viajante João Richenberg, cujas filmagens "curtas e interessantes das riquezas naturais do Brasil" serviriam para exibição na Europa.

97 BERNARDET, Jean-Claude. Mimetismo, cachoeiras, paródias. In: *Cinema brasileiro:* propostas para uma história. Rio de Janeiro: Paz e Terra, 1979, cap.5, p.72.

ALFREDO DOS ANJOS: VIAJANTE E CINEASTA LUSO-BRASILEIRO

98 *Selecta*, Rio de Janeiro, 7 dez. 1927. O cinema no Brasil, s.p.

99 ANJOS, Alfredo dos. Op. cit., 1927, p.10-1.

100 *O Acre*, Rio Branco, 11 out. 1931, p.4.

CAPÍTULO 5

101 Informações presentes na carta de Alfredo dos Anjos ao presidente Vargas.

102 COSTA, Selda Vale da (org.). Coleção de documentos sobre Silvino Santos e a produção cinematográfica amazonense. *Filmes brasileiros em Portugal*, 1987. A listagem baseia-se nos Livros de Registro da Censura de Portugal e é parte do acervo do Centro de Documentação e Pesquisa da Cinemateca Brasileira. *O Brasil maravilhoso* foi censurado em 19 de novembro de 1931.

103 O Vitaphone foi um sistema de sonorização de filmes utilizado na produção norte-americana entre 1926 e 1931, com prolongamento para as cinematografias menos desenvolvidas, como a brasileira, até aproximadamente 1933. A trilha sonora não era impressa na película, como passou a ser feito tempos depois, mas gravada em discos de 33 rotações que eram rodados em uma plataforma giratória fisicamente acoplada ao motor do projetor enquanto se exibiam as imagens. O uso do som, por essa época, é a grande novidade que em vez de passageira, como pregavam alguns, termina por encerrar a fase dos filmes silenciosos.

104 COSTA, João Bénard da. Quesitos sobre a distribuição e exibição: prejudicados com as respostas. In: *Setenta Anos de Filmes Castello Lopes*. Lisboa: Cinemateca Portuguesa, 1986, p.29.

105 COSTA, Selda Vale da. Op. cit.; *Instituto Camões*. Cinema português. Disponível em: <http://cvc.instituto-camoes.pt/cinema/cronologia/cro033.html>. Acesso em: 19 jan. 2021. Uma cronologia oficial a coloca como produção de Alfredo dos Anjos, conforme citado na página "Cinema português". Deve haver uma inversão: é mais provável ser realmente uma distribuição da Raul Lopes Freire que, à maneira da composição de *Portugal actual*, vende a película para Alfredo dos Anjos. *Viagem* à

NOTAS E REFERÊNCIAS BIBLIOGRÁFICAS

Argentina tinha sido censurado em 12 de fevereiro de 1931, muito antes da chegada de Alfredo a Portugal.

106 COSTA, João Bénard da. Op. cit., p.30-1. Seria o mesmo cinema que Costa indica com o nome Trindade? Em caso positivo, o lançamento do filme de Alfredo dos Anjos ganhou certo destaque, pois o Trindade era uma sala de grande porte, com capacidade para cerca de 1.200 espectadores, e "cinema de estreia".

107 *Comércio do Porto*, Porto, 26 jan. 1932, apud BRASIL. Arquivo Nacional. Op. cit. A notícia é citada em anúncio anexo à carta de Alfredo dos Anjos ao presidente Getúlio Vargas.

108 *Cinearte*, Rio de Janeiro, n.312, 10 fev. 1932. Cinema de Portugal, p.32.

109 BRASIL. Arquivo Nacional. Op. cit. Esta e as demais informações posteriores advêm do conjunto de documentos comprobatórios anexados à carta de Alfredo dos Anjos para Getúlio Vargas.

110 UBI. Op. cit. Na miscelânea remanescente do lote Alfredo dos Anjos, repetimos, 22 planos podem pertencer à celebração das festas de Vila Real, o que não significa serem realização de Alfredo dos Anjos. Como destacado em relação a outros títulos, este e *Mármores portugueses*, que constam na filmografia portuguesa do *site Cine PT*, sem indicação de produção, podem ser filmes adquiridos. Pela mesma fonte, Vila Real foi motivo farto de documentários, todos sem menção a produtor, nas cercanias de *O Brasil maravilhoso*: antes de Alfredo, *Vista geral de Vila Real* (1931) e *Vila Real de Santo Antônio* (1929); depois de Alfredo, *Vila Real* (1933), *Vila Real – as festas antonianas* (1933).

111 O Brasil maravilhoso. *Cinéfilo*, Lisboa, n.172, 5 dez. 1931. Disponível em: <http://www.cinemateca.pt/Cinemateca-Digital/Ficha.aspx?obraid=778706&type=Texto>. Acesso em: 19 jan. 2021. Anúncio da exibição no Cine Politeama, de Lisboa.

112 BRASIL. Arquivo Nacional. Op. cit. Anúncio de jornal desconhecido datado de 31 de dezembro de 1931, com algumas palavras ilegíveis, anexo à documentação do Arquivo Nacional.

113 *Casa Minerva*, Coimbra, jan. 1932, apud BRASIL. Arquivo Nacional. Op. cit. Anúncio impresso na Casa Minerva, também anexo à documentação do Arquivo Nacional.

CAPÍTULO 6

114 *A Nação*, Rio de Janeiro, 13 maio 1933, p.6; repete-se em *Jornal do Brasil*, Rio de Janeiro, 14 maio 1933, p.22.

115 *A Noite*, Rio de Janeiro, 18 jul. 1933, p.6.

116 *Correio da Manhã*, Rio de Janeiro, 7 jan. 1934, p.14; Amélia Borges Rodrigues. In: UBI. *Cine PT*. Cinema português. Disponível em: <http://www.cinept.ubi.pt/pt/pessoa/2143690127/Am%C3%A9lia+Borges+Rodrigues>. Acesso em: 19 jan. 2021. O endereço da Cosmos: rua Senhor dos Passos, nº 67, sobrado. Segundo o *Cine PT*, apesar de viver no Brasil, onde falece em 1945, Amélia Borges Rodrigues "entre 1934 e 1937 terá produzido e/ou realizado 35 filmes sobre regiões de Portugal. Os filmes foram exibidos em Portugal, no Brasil e nas colónias africanas. Segundo o artigo 'Duas portuguesas que fazem cinema e que o sabem fazer bem' do *Cine-Jornal* (1936), Borges Rodrigues planificava o filme, escrevia a música e fazia a montagem, enquanto a sua amiga Celeste Bastos y Lago tratava sobretudo da parte comercial".

117 CARIJÓ, Armando de Moura (relator). *Associação Cinematographica de Productores Brasileiros:* relatório da directoria, biennio de 2-6-34 a 2-6-36. Rio de Janeiro: Typographia do Jornal do Commercio Rodrigues & C, 1937, p.54-5. Na pauta da reunião: votação dos estatutos para dar fundamento legal à Associação, eleição da primeira diretoria e anistia aos associados em débito para que se regularize de vez o quadro da entidade. Foram eleitos: Armando de Moura Carijó como presidente, Adhemar Gonzaga como secretário e Jayme Pinheiro como tesoureiro.

118 *Cinearte*, Rio de Janeiro, n.397, 15 ago. 1934, p.7.

119 CARIJÓ, Armando de Moura (relator). Op. cit., p.61.

120 *Cinearte*, Rio de Janeiro, n.397, 15 ago. 1934, p.7.

121 BRASIL. Cinemateca Brasileira. Filmografia Brasileira. Disponível em: <http://bases.cinemateca.gov.br/cgi-bin/wxis.exe/iah/?IsisScript=iah/iah.xis&base=FILMOGRAFIA&lang=p&nextAction=lnk&exprSearch=ID=003139&format=detailed.pft#1>. Acesso em: 19 jan. 2021. Em *Cinearte*. Rio de Janeiro, n.409, 15 fev. 1935, p.11, o cinejornal integra uma lista de produções do ano anterior e segundo a qual não teria passado de uma única edição.

NOTAS E REFERÊNCIAS BIBLIOGRÁFICAS

122 *Diário da Noite*, Rio de Janeiro, 3.ed., 6 maio 1933, p.2. O autor da nota ironiza: "quer fazer propaganda do Brasil pela cinematografia. E não esqueceu de pedir um auxílio...".

123 COSTA, Selda Vale da Costa. A Amazônia na câmera de Silvino Santos. In: *Eldorado das ilusões:* cinema & sociedade: Manaus (1897/1935). Manaus: Editora da Universidade do Amazonas, 1996, p.183.

124 Ibid., p.184. Citação de *Jornal do Brasil*, Rio de Janeiro, 16 mar. 1934, p.15.

125 *O Estado de S. Paulo*, São Paulo, 30 maio 1934, conforme ficha filmográfica do Centro de Documentação e Pesquisa da Cinemateca Brasileira.

126 *Diário de Notícias*, Rio de Janeiro, 3 maio 1934, 2ª seção, p.8.

127 CARIJÓ, Armando de Moura (relator). Op. cit., p.98-9.

128 Ver nota 3.

129 BRASIL. Arquivo Nacional. Op. cit. Esta intromissão em assuntos da economia do país tem fundamento para Alfredo. Com o conhecido pseudônimo Alfanjos, ele editara em 1931 o folheto *Guerra à crise*, no qual "expõe aspectos da situação econômica mundial e prescreve métodos para melhorá-la." (*A Esquerda*. Rio de Janeiro, 31 mar. 1931, p.6). Um único comentário no jornal *A Noite* sobre essa publicação não localizada é impiedoso: "Há muito tempo não líamos tanta coisa engraçada". (*A Noite*, Rio de Janeiro, 30 mar. 1931, p.7.)

130 O sistema de som Movietone é o aperfeiçoamento final do Vitaphone. Nele, a trilha sonora está acoplada ao mesmo suporte da imagem por meio de uma faixa óptica que corre em paralelo. É este processo que foi adotado em *Terra portuguesa – o Minho*.

131 BRASIL. Arquivo Nacional. Op. cit. No descritivo anexo à carta, complementa: "Qualquer que seja a importância que os Governos do país gastarem nesta sua boa Propaganda, será sempre recompensada pelo desenvolvimento do seu grande Comércio e Turismo, que são incontestáveis fontes de riqueza e de maior Progresso nacional, comprometendo-se o proprietário do filme, o naturalista Alfredo dos Anjos, a distribuí-lo imediatamente pelos países aonde for mais interessante a interesses do Brasil, conforme as indicações do Governo Atual".

ALFREDO DOS ANJOS: VIAJANTE E CINEASTA LUSO-BRASILEIRO

132 BRASIL. Cinemateca Brasileira. Centro de Documentação e Pesquisa. *Conjunto de documentos*. Acesso: D 256-A/7-10. *Canção das águas* e *Missa campal de S. Emcia. Cardeal Cerejeira no Campo do Vasco da Gama* foram os filmes contratados, segundo documentos do acervo da Cinédia.

133 CARIJÓ, Armando de Moura (relator). Op. cit., p.117-25.

134 *Correio da Manhã*, Rio de Janeiro, 7 jan. 1934, p.14; *O Jornal*, Rio de Janeiro, 10 mar. 1936, p.3. O capital da Cosmos é da ordem de 25:000$000; Fan Filme do Brasil, de Armando Moura Carijó e Jayme de Andrade, 210:000$000; Cinédia, de Adhemar Gonzaga, 300:000$000; Cine Som Studio, de Fausto Muniz e Dyonisio Suarez, 400:000$000.

135 INSTITUTO NACIONAL DE CINEMA EDUCATIVO. *Informações sobre o cinema brasileiro*: exposição completa de todas as firmas productoras de cinema, com a sede, o nome dos empresários, o titulo, o genero e o valor das fitas produzidas. [Rio de Janeiro], [1935?]. 6p. Documento do acervo do Centro de Documentação e Pesquisa da Cinemateca Brasileira. A lista contém informações das fitas produzidas e classifica os produtores em "melhores", "especialistas" e os de "longa prática".

136 CARIJÓ, Armando de Moura (relator). Op. cit., p.108-9. Transcrição de notícia de *O Jornal*. Rio de Janeiro, 10 mar. 1936, p.3.

CAPÍTULO 7

137 ANJOS, Alfredo dos. Op. cit., [1917 ou 1918]; *Correio da Manhã*, Rio de Janeiro, 18 jan. 1930, p.9; *A Noite*, Rio de Janeiro, 2 jan. 1939, p.7; *A Noite*, Rio de Janeiro, 30 jul. 1940, p.2. De longa data são os contatos de Alfredo com a imprensa. O exemplar de *O Rio S. Francisco* pertencente à Biblioteca Municipal Mário de Andrade, de São Paulo, traz dedicatória (sem data) à equipe do Rio Jornal. Um memorial de teor desconhecido enviado por ele à Associação Brasileira de Imprensa é examinado na sessão do dia 16; demonstrações de apreço ficaram registradas, como felicitações de ano-novo e pelo aniversário de *A Noite*; isso sem contar as entrevistas publicitárias das quais era beneficiário direto.

NOTAS E REFERÊNCIAS BIBLIOGRÁFICAS

138 *A Noite*, Rio de Janeiro, 10 ago. 1933, p.1; SILVA, Guilherme Dias da. *A recepção da antiguidade nas inscripções e tradições da America prehistorica de Bernardo de Azevedo da Silva Ramos (1930-1939)*. Disponível em: <http://www. lume.ufrgs.br/handle/10183/134299>. Acesso em: 19 jan. 2021. Complementa-se, "As inscripções, publicadas entre 1930-1939, são o resultado de décadas de pesquisa do autor sobre esta teoria, especulada no século XIX nos círculos da arqueologia brasileira, mas que por ocasião do fim do século caída em descrédito. Esta obra, publicada pela Imprensa Nacional com subsídios governamentais, é o último momento onde o imaginário da Antiguidade brasileira ainda encontrou algum respaldo institucional, passando a partir daí a persistir apenas em meios pseudohistóricos e pseudocientíficos, entre outros".

139 *A Noite*, Rio de Janeiro, 14 ago. 1933, p.2.

140 *A Noite*, Rio de Janeiro, 3.ed., 17 ago. 1933, p.2. Alfredo dos Anjos assume para si a história de vida do dr. Frot, a ponto de dizer que chegou a "entregar-se à indústria farmacêutica".

141 *Correio da Manhã*, Rio de Janeiro, 30 ago. 1933, p.10; *A Noite*, Rio de Janeiro, 3.ed., 31 ago. 1933, p.2; *Jornal do Brasil*, Rio de Janeiro, 2 set. 1933, p.16; *A Noite*, Rio de Janeiro, 2 set. 1933. Última Hora, p.3.

142 *A Nação*, Rio de Janeiro, 5 set. 1933, p.11. Outros detalhes: os excursionistas "subiram pelo caminho Niemeyer, pelo pico dos Quatro e pela chaminé Elly. Guiaram as três turmas os srs. Fernando Guimarães, Helio Vianna, Antonio Ivo Pereira, Agenor Vilela Bastos, Hugo Blume, Edgard Penha Brasil e Haroldo Penha. Participaram ainda da excursão o sr. Raul Wellisch, presidente do C.E.B. e o sr. Alfredo Niemeyer, proprietário das terras da Gávea, que foi pródigo de gentilezas para com todos os seus visitantes".

143 *A Noite*, Rio de Janeiro, 16 ago. 1933. Suplemento Ilustrada, Seção de Rotogravura, p.8-9. Um dos diretores citados é Hugo Blume.

144 *Correio da Manhã*, Rio de Janeiro, 27 set. 1936, p.2.

145 *Correio da Manhã*, Rio de Janeiro, 28 fev. 1937, p.2.

146 *Correio da Manhã*, Rio de Janeiro, 23 jan. 1938. Suplemento, p.3.

147 Ibid. O tom beira o delírio: "Os prodigiosos trabalhos de canalização das águas da Grande Lagoa no curso médio de São Francisco, acima da zona das cachoeiras, obedecem aos mesmos planos hidráulicos efetuados pela dinastia de Ramsés I acima das cataratas do Nilo com o traçado de inúmeros canais até o Delta."

148 *Correio Paulistano*, São Paulo, 20 set. 1936, p.3.

149 *A Noite*, Rio de Janeiro, 2 jan. 1939, p.7; *A Noite*, Rio de Janeiro, 30 jul. 1940, p.2.

150 *A Noite*, Rio de Janeiro, 7 out. 1938, p.3; *A Noite*, Rio de Janeiro, 2 dez. 1938, p.2; *A Noite*, Rio de Janeiro, 10 out. 1938, p.1; *A Noite*, Rio de Janeiro, 12 out. 1938, p.1; *A Noite*, Rio de Janeiro, 15 out. 1938, p.3.

151 *A Noite*, Rio de Janeiro, 4 out. 1938, p.3; *A Noite*, Rio de Janeiro, 6 out. 1938, p.3; *A Noite*, Rio de Janeiro, 16 out. 1938, p.3.

152 *A Noite*, Rio de Janeiro, 18 out. 1938, p.7; O Manuscrito nº 512. In: *Blog do Professor Chuva*. Disponível em: <http://blogdochuva.blogspot.com.br/2013/10/o-manuscrito-n-512.html>. Acesso em: 19 jan. 2021; WEFFORT, Francisco. Belchior Moreia e o mito das minas de prata. In: *Espada, cobiça e fé*: as origens do Brasil. Rio de Janeiro; Civilização Brasileira, 2012, p.139-43. No caso da bandeira de Belchior e Robério Dias (que possuíam como segundo sobrenome Moreia, Moreira ou Morêa, variações que aparecem ao longo deste trabalho), rememora-se o mito das minas de prata que, nascido nas proximidades de 1580, teria perdurado com empenho até pelo menos 1671, e inspirado o célebre romance de José de Alencar (cf. Weffort). O dr. Frot, no século XX, não foi o único a prolongá-lo: o aventureiro inglês Percy Fawcett, seduzido pelo chamado Manuscrito 512, hoje no acervo da Biblioteca Nacional, organizara em 1921 uma expedição para encontrar em algumas zonas remotas da Bahia a cidade perdida de Muribeca (nome dado pelos indígenas a um descendente de Belchior que também se interessou pela redescoberta das minas). Na região chamada Lapinha, Fawcett encontrou muitos petróglifos, mas ele estava interessado em outra cidade, um Eldorado a que chamava "Z", o que lhe custou a vida em 1925, quando desapareceu perto do Rio Culuene (afluente do Xingu), Serra do Roncador, Mato Grosso.

153 *A Noite*, Rio de Janeiro, 4 out. 1938, p.3; *A Noite*, Rio de Janeiro, 6 out. 1938, p.3; MORAIS, Clodomir Santos de. *Contos verossímeis*: Pedro Bunda. Disponível em: <http://www.primeiraversao.unir.br/atigos_pdf/numero071Clodomir.pdf>. Acesso em: 19 jan. 2021. Uma pesquisa de Clodomir Santos de Morais, em que se menciona episódio sobre a parteira Sabina Parto-Bom, que obtivera grande sucesso cirúrgico

NOTAS E REFERÊNCIAS BIBLIOGRÁFICAS

na separação de xifópagos, cita o encontro entre o dr. Frot e Alfredo dos Anjos "na década de 20 ou 30". Se ocorrido nos anos 1920, é possível que Alfredo dos Anjos, a acreditar-se que se conheciam desde 1916, tenha reencontrado o dr. Frot em 1924, quando o engenheiro francês e um seu conterrâneo de nome Charnac pesquisavam minérios, ocasião em que o dr. Frot teria descoberto uma jazida no município de Ribeirão da Cruz, Bahia. É mais provável, porém, que o pesquisador se refira ao reencontro de 1938, pois o dr. Frot "fez o jornalista Alfredo dos Anjos da revista [sic] carioca *A Noite* fotografar a parideira, na promessa de divulgar-lhe o feito e o nome".

154 *O Dia*, Florianópolis, 4 abr. 1917, p.2.

155 *A Noite*, Rio de Janeiro, 3.ed., 17 ago. 1933, p.2.

156 *A Noite*, Rio de Janeiro, 6 abr. 1931, p.5. Na verdade, muitos artigos no jornal *A Noite* tratam do tema, um deles parece contar com o palavrório característico de Alfredo dos Anjos, porém não está assinado; quando assim o está, a autoria não lhe pertence, pois traz a assinatura de Augusto de Lima.

157 *Wileman's Brazilian Review*. Rio de Janeiro, 29 ago. 1938, p.1593.

158 *A Noite*, Rio de Janeiro, 4 fev. 1937, s.p.; ANJOS, Alfredo dos. *Ouro brasileiro*: o que o Brasil precisa de fazer já, para resolver o problema econômico e tornar-se o melhor país do mundo, dando felicidade a seus habitantes. S.l.: Firenze, 1936. A Biblioteca Nacional possui um exemplar da edição do livro do autor, com encantador subtítulo.

159 Publicações de interesse geográfico editadas no Brasil nos anos de 1939/1941. *Revista Brasileira de Geografia*, Rio de Janeiro, Instituto Brasileiro de Geografia e Estatística, ano 3, n.2, abr.-jun. 1941, p.479. Ambas as edições são citadas na coluna.

160 ANJOS, Alfredo dos. *Ouro do Brasil*. São Paulo: Impressora Comercial, 1940; *Beira-Mar*: Copacabana, Ipanema, Leme. Rio de Janeiro, 11 jan. 1941, p.2. Apesar de impresso em São Paulo, na página de rosto Alfredo indica seu endereço no Rio de Janeiro (rua de São Pedro, 184). Sobre essa edição, a que conta com sua assinatura própria, comentário da revista *Beira-Mar*: "Livro cheio de fé brasileira e de sincero nacionalismo".

161 *Ilustração Brasileira*, Rio de Janeiro, n.146, 1947, p.2.

162 *Cidade de Goiás*, Goiás, 1 set. 1946, p.1.

ALFREDO DOS ANJOS: VIAJANTE E CINEASTA LUSO-BRASILEIRO

163 *A Noite*, Rio de Janeiro, 30 out. 1938, p.2. Explica o jornalista: "com a segurança e as minúcias das suas próprias conclusões, sem os inconvenientes de um possível engano que a transcendência do assunto facilmente pode permitir a um leigo como eu [...] decidi com acerto me ocupar portanto das extraordinárias aventuras dessa estranha figura de pesquisador, que considero capítulo interessante para o grande público".

164 *A Noite*, Rio de Janeiro, 4 dez. 1938, p.2. "De posse das instruções do meu jornal acerca da partida do dr. Frot para a capital em nossa companhia, eu e o Alfredo dos Anjos, com a satisfação natural de quem está prestes a afogar uma grande saudade, combinamos providências sobre o regresso, dispondo em ordem as nossas bagagens e acertando outras medidas indispensáveis".

165 *A Noite*, Rio de Janeiro, 18 dez. 1939, p.3; *A Noite*, Rio de Janeiro, 18 out. 1938, p.7; *A Noite*, Rio de Janeiro, 30 out. 1938, p.1-2. Sobre o fato de onde teria partido a iniciativa das reportagens ou da jornada até o Rio de Janeiro (do jornal ou a pedidos do dr. Frot) pairam dúvidas: "Para iniciar verdadeiramente essa reportagem, que tão inesperadamente veio ao meu encontro, graças a esse grande jornal que é *A Noite*", conforme palavras do sábio francês. "O dr. Frot, respondendo, achou interessante a ideia [de ir para o Rio], acrescentando que estava inclinado a solicitar o apoio de *A Noite*, dando, em troca, exclusividade para divulgação de tudo quanto fizera".

CAPÍTULO 8

166 *A Manhã*, Rio de Janeiro, 26 mar. 1947, p.7.

167 *Diário de Notícias*, Rio de Janeiro, 25 abr. 1947, p.3; repete-se em *Jornal do Brasil*, Rio de Janeiro, 25 abr. 1947, p.6; *A Manhã*, Rio de Janeiro, 26 mar. 1947, p.7; *Correio da Manhã*, Rio de Janeiro, 24 abr. 1947, p.1; *Diário Carioca*, Rio de Janeiro, 25 abr. 1947, p.2; *Diário do Paraná*, Curitiba, 26 abr. 1947, p.5.

168 *Jornal do Brasil*, Rio de Janeiro, 22 jan. 1948, p.6; BRASIL. Senado Federal. Atividade Legislativa. *Carta s./nº*, de 1947. Disponível em: <http://www.senado.gov.br/atividade/Materia/detalhes.asp?p_cod_mate=76501>. Acesso em: 19 jan. 2021. Página com histórico da tramitação do processo.

NOTAS E REFERÊNCIAS BIBLIOGRÁFICAS

169 *Correio da Manhã*, Rio de Janeiro, 3 dez. 1950. 1º Caderno, p.13.

170 *Diário da Noite*, Rio de Janeiro, 6 abr. 1953, p.2.

171 THOTH3126. *Uma esfinge no Brasil*: a Pedra da Gávea, um acesso para Agharta? Disponível em: <https://thoth3126.com.br/uma-esfinge-no-brasil-a-pedra-da-gavea-um-acesso-para-agharta/>. Acesso em: 19 jan. 2021; BECARI, Luiza. The Face of a Sleeping Giant: Pedra da Gávea. *In: Viewzone*. Disponível em: <http://www.viewzone.com/gavea.html>. Acesso em: 19 jan. 2021. Ambas as páginas servem como exemplos, entre outros que se replicam.

172 *A Noite*, Rio de Janeiro, 7 out. 1938, p.3.

ANEXO I

173 GOMES, Paulo Emílio Sales. O Cinema Brasileiro Visto de Cinearte. In: *Humberto Mauro, Cataguases, Cinearte*. São Paulo: Perspectiva/Edusp, 1974, p.308-10. "Tornou-se evidente", afirma Paulo Emílio, "que a continuidade do cinema brasileiro foi assegurada, fundamentalmente, pelos 'cavadores' e particularmente quando se dedicavam às 'cavações naturais', pois quando se aventuravam nos 'posados', em geral punham em risco a própria estabilidade e a permanência da cinematografia nacional".

174 GALVÃO, Maria Rita. Gilberto Rossi. In: *Crônica do cinema paulistano*. São Paulo: Ática, 1975, p.198.

175 PINHEIRO, Jayme de Andrade. Carta a Getúlio Vargas, presidente do Estado do Rio Grande do Sul, na qual o operador cinematográfico solicita financiamento para a confecção de um filme documentário. S.l., 1927-1928. Documento do acervo do Centro de Documentação e Pesquisa da Cinemateca Brasileira. Acesso: D 1154/7.

176 *Cientistas do Brasil*: depoimentos. São Paulo: SBPC, 1998, p.656.

177 GALVÃO, Maria Rita. Op. cit., p.198-9.

ANEXO III

178 Dentro do possível, com o auxílio valioso de José Francisco de Oliveira Mattos, procurou-se indicar, entre colchetes, os nomes corretos de pessoas, localidades e acidentes geográficos mencionados no decorrer das reportagens.

179 Belchior Dias Moreia. *Wikipédia*. Disponível em: <https://pt.wikipedia.org/wiki/Belchior_Dias_Moreia>. Acesso em: 19 jan. 2021. Robério Dias é filho de Belchior Dias Moreia. Belchior nasceu no Brasil por volta de 1540, e tinha fazendas ou currais junto à Serra do Canini, nos sertões do rio Real (hoje município de Tobias Barreto), após haver tomado parte na conquista de Sergipe. Foi ele que alardeou a descoberta de uma grande quantidade de prata na região de Itabaiana, no século XVI, alimentando entre os brasileiros o sonho de riqueza. Belchior queria um título de nobreza e, com a recusa da mercê, negou-se a mostrar às autoridades portuguesas as supostas minas de Itabaiana. Morreu em 1619, deixando um filho – Robério ou Rubério Dias – tido com uma índia cariri da aldeia de Geru. Posteriormente, o neto, Melchior, deixou um roteiro imperfeito da localização das minas de prata na montanha de Itabaiana. Coube ao neto de Rubério Dias, bisneto de Belchior, buscar os velhos roteiros, a partir das terras do morgado do velho descobridor e sertanista.

SOBRE O LIVRO

Formato: 15,9 x 21 cm
Mancha: 26 x 40 paicas
Tipologia: FFScala 11/12
Papel: Offset 90 g/m² (miolo)
 Cartão Supremo 300 g/m² (capa)

EQUIPE DE REALIZAÇÃO

Projeto e produção gráfica
Marina Thomé
Juliana Azevedo

Edição e produção
Gabriela Sousa de Queiroz

Revisão
Aline Silveira Machado
Gabriela Sousa de Queiroz
Richard Sanches

Colaboradores
Alexandre Miyazato
Amanda Giglio
Amanda Parra
Caio Brito
Luisa Malzoni
Olga Futemma
Rodrigo Mercês

Imagens
Acervo Cinemateca Brasileira

Capa
Marcelo Girard

Foto de capa
Pescadores no rio Peruaçu – MG.

Rua Xavier Curado, 388 • Ipiranga - SP • 04210 100
Tel.: (11) 2063 7000 • Fax: (11) 2061 8709
rettec@rettec.com.br • www.rettec.com.br

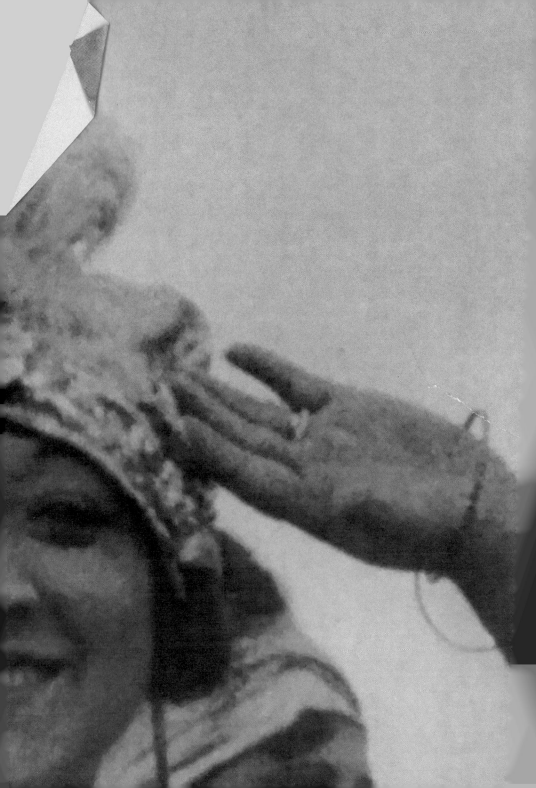